HEILUNG AUS DEM KOSMOS

Jürg Reinhard

Heilung aus dem Kosmos

*

Vom Umgang mit Gestirnen, Geist und Geistern

Hallwag Verlag Bern und Stuttgart

Umschlagbild und ganzseitige Illustrationen:
Jürg Reinhard
Schutzumschlag und Gestaltung:
Robert Buchmüller
Sabine Meier
Redaktion:
Kurt Weibel

Satz, Fotolithos, Druck:
Hallwag AG, Bern
Bindung:
Grollimund AG, Reinach

ISBN 3-444-10514-2

Hallwag

Inhalt

Sternen-erlebnisse und Sternen-erkenntnisse

*

Persönliche Begegnungen mit der Sternenwelt. Übungen zum lebendigen Denken

11

Geborgenheit in den Sternen

Weit weg von zuhause, fern von meinen lieben Kindern und Freunden bin ich draußen, einsam liege ich auf uraltem Gestein. Ein Hügel aus Kupfererz. Über mir die Sterne. Im Schlafsack auf harter Unterlage, Knochen auf Stein gelegt, entspanne ich mich. Karg die Landschaft, entblößt das Gestein des Hügels, auf dem ich die Nacht verbringe. Die Steine drücken nicht mehr, ich habe mich weich gemacht, den Widerstand aufgegeben, lasse mich formen durch meine Liegestätte und betrachte die Sterne. Erst schreite ich mit meinen Augen das Himmelsgewölbe auf und ab, dann allmählich wird auch mein Blick ruhiger. Weit offen die Augen, großartig gewölbt der Sternenhimmel über mir, beginne ich zu sehen. Ab und zu schließe ich die Augen, um abermals ganz ruhig hinauszuschauen, hinaus aus den in meinen Augenhöhlen sich niedergelegten, entspannten und regungslos ruhenden Augen. Das Licht des Sternenhimmels wird immer stärker, das Dunkel kristallklar leuchtend. Ich atme. Ich atme die Luft, ich atme den Sternenhimmel. Ich atme den Duft der Erde, der in der Luft versprühten und verdampften Sternschnuppen, die mit der Luft meine Lungen füllen, die das Eisen in meinem Blut entzünden, mir Wärme, Leichtigkeit und Mut geben. Ich atme die Luft, die sternengeschwängerte Atmosphäre, ich atme substantiell Sternschnuppen, schnuppere den Duft der sonnendurchtränkten Winde, die noch warm die dunkle

Nacht durchziehen. Die Winde sind von der Sonne erwärmt, vom Sonnenwind mit Sonnensubstanz durchdrungen. Ich bin verbunden, bin nicht allein, bin umhüllt von Sternen und verwelktem Sonnenschein. Es kehrt sich alles plötzlich um. Ein Sternenhauch beatmet mich, die Sternenlichter beschauen mich, die Sternenwinde berühren mich, das Sternengewölbe erleichtert mich, Leichtigkeit ergreift meine Glieder. Die Erde wird weich, ich kann mit meiner Seele durch meinen Leib hindurch in sie hineinsinken. Steine drücken nicht mehr. Vom Kupfererz behütet, vom Sternenlicht beschienen, lasse ich mir Sternenweisheit singen. Sie betrachten mich, die Sterne, meine Freunde betrachten sie, die Sterne. Ich sehe meine Lieben.

13

Wer bin ich, woher komme ich?

Wer hat sich nicht schon die Frage gestellt: Wer bin ich, woher komme ich? Um auf solche Fragen eine Antwort zu finden, gehe ich in die Berge. Um geistige Klarheit zu erlangen, habe ich das Bedürfnis, die vegetativen Zonen zu verlassen. Ich liebe die Bergwälder, die sensiblen Lärchen, den farbigen Teppich aus Bergblumen. Aber auf solche Fragen kann ich die Antwort nicht finden, wenn ich nicht die Waldgrenze unter mir lasse. Es drängt mich, höher hinauf zu steigen. Je karger die Gegend, um so klarer die Gedanken. Machen Sie doch einmal selbst den Versuch: Denken Sie in der Badewanne, ergeben sich Imaginationen, denken Sie im Wind, kommen Inspirationen, denken Sie in einer Einöde aus Granit und Eis, erheben sich rein geistige Intuitionen in der Gedankenwelt. Wenn es mir gelingt, angstfrei eine Bergspitze zu erklettern und dort zur inneren Ruhe zu kommen, wird es möglich, vom Himmel die Intuitionen zu ernten. Sie können sich aber auch durch eine Seilbahn in diese Gefilde tragen lassen, das geht auch.

Allein auf einem Felsturm im Grat des Diamantstocks frage ich mich, woher ich komme. Ich sehe dabei rückblickend den ganzen Weg. Die Antwort ist einfach: Ich muß nur immer auf den Weg zurückschauen, woher ich komme: vom Haslital, den Aarelauf entlang von Bern, von zuhause. Ich verfolge weiter den Weg zurück durch das letzte Jahr. Ich denke dabei immer rückwärts; der Weg wird so lückenlos, denn immer, wenn ich irgendwo war, kam ich in den Gedanken dahergewandert ... Von meiner Jugend, von meiner Kindheit, bis mit der letzten Kindheitserinnerung das Bewußtsein erlöscht. Obschon ich mich jetzt nicht mehr erinnere, weiß ich, daß ich von meiner Mutter und von meinem Vater stamme, und diese stammen von meinen Großeltern, und diese wiederum von meinen Urgroßeltern. Ich komme von früher, das ist der eine Weg, den kann ich erforschen.

Auf der Bergspitze wird mir aber auch bewußt, dass – wenn ich nicht gleich jetzt wieder einatme – ich mich nicht weiter mit meiner Herkunft befassen kann. Mein atmender Körper kam wohl von unten über den Gletscher herauf; aber immer kam von der unmittelbaren Umgebung, von der umliegenden Bergluft auch meine lebendige Existenz. Mir wird bewußt, ich sehe und fühle es: Der Mensch kommt aus der Sonnenwärme, aus dem Sonnenlicht, der Erdenluft mit ihrem Sternenduft; von den langsam fließenden Gletschern und den schnell fließenden Wassern, von denen er trinkt. Der Mensch als Lebewesen ist keine Realität, wenn er nicht in jeder Sekunde aus dem Himmel erneuert wird. Der Mensch kommt von Sichtbarem: von den Eltern; von Unsichtbarem: von der Talluft, von der dünnen Luft in den Bergen, von der Sternenluft über den Bergen.

Es beginnt in den Bergen zu nachten. Diesmal bin ich allein auf dem Grat im Niemandsland zwischen den Zinggenstöcken und dem Oberaarhorn, tausend Meter unter mit befindet sich der Unteraargletscher. Ich liege auf einer riesigen Granitplatte, die den Grat seitlich überragt. Unten an der Granitplatte gibt es Bergkristalle – also ein Bett aus Kristall. Oben dehnt sich der Kristallhimmel mit der Milchstraße. Ich weiß: Das Feine, das Unsichtbare, das rein Geistige in mir kommt von den Sternen. So betrachte ich eine Nacht lang meine Herkunft von den Sternen, und ich sehe das Geistige der Menschheit über mir leuchten. Kristallbett und Kristallhimmel, irdische und himmlische Herkunft! Einen solchen Luxus bietet nur ein Biwak. Hier bin ich, von dort her komme ich!

17

Der Weg zu den Sternen: Hier bin ich. Wohin gehe ich?

Vom Dammagletscher heruntergestiegen, mache ich auf einer der ersten grünen Bergwiesen neben dem sprudelnden Bergbach halt. Nach dem Unwetter beginnen sich die frisch verschneiten Grate am Winterberg von den Wolken zu enthüllen. Ein strahlend klarer Tag. Glitzernd der Bach, gelbglänzend die innen lackierten Hahnenfußgewächse. Meinen Füßen gönne ich ein kurzes Bad im Gletscherwasser, um sie gleich wieder auf dem saftig grünen Moos der Sonne zum Trocknen anzuvertrauen. Ich schaue dem Bach entlang hinunter. Er stürzt sich über Felsen und entschwindet dem Blick, dem Ohr die Tiefe des Abgrundes in nachhaltigem Tosen verkündend. Unten taucht er wieder auf. Ist er jetzt wohl gezähmt oder nur vorübergehend zur Ruhe gekommen? Wo mag er jetzt hinfließen, was für Erlebnisse erwarten die Wasser vom Dammagletscher am Winterberg? Ich schaue auf meine Füße und frage auch sie: Wo werdet Ihr mich hintragen? Was für Erlebnisse warten auf Euch? Werde ich, der durch Euch getragen wird, auch wie der Bach den Weg verlieren, um mich unten wieder zu sammeln? Der Wasserfall zeigt mir aber auch, wie das in schwereloser Ruhe fallende Wasser im Felsenbecken zerstiebt. Wie es, zuunterst angelangt, zerrissen, zerfetzt und versprüht wird und erst im sonnendurchglänzten Dampf als Regenbogen zur Ruhe kommt. Ich ziehe die Schuhe wieder an; ein inneres Frohlocken ergreift mich, und Heiterkeit springt mit mir den Berg hinunter. Die Berge sind wunderbar, sie klären den Geist.

Das schöne Wetter schenkt mir Leichtigkeit in meinen Gedanken. Wohin gehe ich, was ist meine Zukunft, das ist meine Frage, der ich heute nachgehen will. Ich sehe mir selbst zu, wie ich, von spielenden Gemsen inspiriert, das Schneecouloir hinunterrolle. Die Rutschbahn aus Schnee führt auf eine scharfkantige Geröllhalde zu, das ist der eine Teil meiner Beobachtung. Unsichtbarer, jedoch für mein Konzentrationsvermögen absolut wesentlich ist, daß ich gerade jetzt ausatme. Stellen Sie sich vor, ich würde nicht gleich ausatmen, die Füsse würden mich nicht mehr tragen können. Wo gehe ich hin? Als Körper hinunter; beobachte ich aber mehr das Unsichtbare, so gehe ich ständig aus mir heraus in die Umgebung, in die Luft, und meine Wärme steigt nach oben, in den Himmel. Das Feinere, mehr Geistige steigt nach oben; das Schwerere, der Schweiß, rinnt hinunter. So auch das durch die menschliche Seele belastete Kohlendioxid, das sich dem Boden nach zu den grünen Weiden hin ergießt. Zu den grünen Wiesen, die CO_2 in sich aufnehmen, so daß Kräuter daraus werden, aus meinem Atem.

Ich setze mich nieder mitten in die Bergblumen. Vor dreißig Jahren habe ich hier meine ersten Klettertouren unternommen, habe hier gesessen, ausgeatmet. Es hat auf meinem Plätzchen mehrjährige Pflanzen, die mich anschauen. Meine Vorfahren liebten diese Gegend auch. Doch wie der Duft der Blumen, so steigt auch meine Wärme in den Himmel. Die Zeit vor dreißig Jahren vereint sich wieder mit dem Jetzt und steigt hinauf zur Sonne und den Sternen. So bewege ich mich, auch wenn ich hinuntertanze. Raum und Zeit in Wärme auflösend, immerzu himmelwärts.

Wo Dunkelheit sich in Helligkeit verwandelt

Abenddämmerung – im Schlafsack eingemummelt, schaue ich von meinem Biwak auf die tief unter mir liegenden Gletscher hinunter. Ich höre das Rauschen der Bergbäche, ab und zu ein Tosen von abbrechenden Eismassen oder Steinschlag am Lauteraarhorn. Auf der Granitplatte betrachte ich nochmals die Felsscharte, durch die ich aufgestiegen bin, und die dünne, haushohe Granitlamelle über mir. Ich liebe diese Einsamkeit, diese Felsnadeln, an denen sich sowohl das äußere wie das innere Gleichgewicht finden läßt. Ich schlüpfe wieder aus dem Schlafsack, um mich beim Klettern nochmals aufzuwärmen vor der kalten Nacht. Wer weiß, vielleicht gelingt die Besteigung. Ich schmiege mich dem Überhang an, um die Finger zu entlasten, merke mir nochmals die letzte Griff-Tritt-Kombination. Jetzt verlasse ich mit dem linken Fuß den letzten Tritt, gebe mit der Gummikappe des Kletterschuhs wenig höher nur Gegendruck – Gewicht ausgleichend –, und jetzt das rechte Bein hoch, mit der Ferse in die Scharte auf Griffhöhe – ich hänge quer, die Leere unter mir –, es folgt ein Klimmzug, unterstützt vom Beinzug an der oben eingehängten Ferse, bringt mich auf die Kantenhöhe. Neue Griffe kann ich fassen, den linken Fuß nachziehen und aufstehen. Das Herz klopft, kalt habe ich auch nicht mehr. Wunderbar sind diese erwärmenden Felsnadeln, die mehr heizen als der beste Daunenschlafsack! Heute noch erinnere ich mich an jeden

Millimeter, an den Abstieg, an die dabei auftauchenden Gefühle. Seltsam, Passagen an Felswänden, vor über zwanzig Jahren geklettert, sind in der Erinnerung hautnah präsent, im Gegensatz zu Monaten der Leere. Erinnerungen an frühere Leben bedingen wohl auch, daß einige eindrückliche Passagen darin waren! – Es ist phantastisch, auf einer Felsnadel zu sitzen und den Plattenfluchten entlang in die Tiefe zu schauen. Ich werde innerlich ganz still und dankbar. Über mir die bereits glitzernden Sterne, unten der Fels, das Geschenk des Schöpfers an den Kletterer, an den Gleichgewichtssucher. Felsen sind das Werk der höchsten Engel, der Throne. Sie haben die Berge aus dem Geist verdichtet. Diese erhabenen Wesen der himmlischen Hierarchie heißen so, weil sie selbst auf den Bergen, ihren Werken, thronen. Ist es das Gefühl, zuoberst auf den Bergspitzen nicht alleine zu sein, das die Bergsteiger immer wieder in die Höhe lockt? Ist nicht fester Grund die Voraussetzung für innere Freiheit? Draußen der Fels, innen der Knochen! In beiden sind die Throne als Wesen tätig. Frei sein heißt: Denken, Fühlen und Tun frei miteinander verbinden dürfen. Auf der freien Kombinationsfähigkeit von Denken, Fühlen und Tun beruht die Fähigkeit zu Liebeshandlungen. Diese drei Elemente müssen wir sowohl beim Klettern wie auch im Leben erst einmal entkoppeln, um sie dann immer wieder neu zusammenzusetzen. Ich gleite durchwärmt in den Schlafsack, stütze seitlich den Kopf auf und entspanne mich tief. Die Augen ruhen am Lauteraarhorn – sternenklare Nacht. Das Bild beginnt sich jedoch plötzlich zu verändern, das Dunkel der Kristallberge fängt an zu leuchten. Das Lauteraarhorn hellt sich auf, läutert sich, wird durchsichtig – geistig klar. Wenn die Augen ruhen, beginnen sie zu sehen! Materie ist Kristall, ist durchsichtig, ist selbst Geist und kommt, wie auch ich, vom Himmel und von den Sternen her.

Das Betrachten der Sterne: eine therapeutische Rückführung zum höheren Selbst

Der Mensch hat eine zweifache Herkunft. Er stammt von seinen Eltern und Großeltern, was seine irdische Herkunft anbelangt; er stammt vom Himmel in bezug auf seine geistige Herkunft. Beim ersten Atemzug ergreifen Seele und Geist den vererbten Körper, so daß dieser fortan im Rhythmus der Sterne atmet. Die Seele ist in der astralen Welt zuhause, der Körper in der irdischen. Wenn wir einen Fixstern oder die Sonne anschauen, so sehen wir leuchtenden Geist. Wir sehen mit dem physischen Auge Überphysisches. In den Sternen läßt die geistige Welt etwas von sich sehen. Sie sind die Fenster, durch die der Mensch hellsichtig in den Kosmos zu schauen vermag. Der Mensch, der die Sterne betrachtet, schaut hinüber ins Geistige. Er schaut hinauf zur Quelle seines eigenen Geistes. «In den reinen Strahlen des Lichts erstrahlt die Gottheit der Welt» (Rudolf Steiner). Sternenlicht ist Göttliches, das sich zeigt. Es sind weder Photonen noch Wellenlängen! Gott aus Photonen bestehend? Man darf lachen über solche Diskrepanzen, über das intellektuelle menschliche Denken, auch wenn es in guter Forscherabsicht zustande kommt. Wo Humor seinen Platz hat, können Menschen gedeihen und Phantasie entwickeln. Wo Humor ist, ist auch menschliche Freiheit zuhause.

Leuchtet ein Stern herunter, ergreift fortwährend Sternengeist unsere Erbsubstanz und verwandelt sie. In jedem noch so kranken Menschen läßt sich sein gesunder Geistfunken finden. Dieser kann die Seele heilen, kann die Lebenskräfte erneuern und den physischen Körper umgestalten. Geist kann Gene heilen. Geistkraft ist unendlich. Geist ist immer gesund. Es gibt keine Geisteskrankheiten, nur Vernebelungskrankheiten des Geistes. Das Betrachten der Sterne ist therapeutische Rückführung zum höheren Selbst! Das Betrachten der Sterne macht gesund!

23

Lebendige Gedanken zu Welle und Licht

Wir klettern in den schaumumspülten Klippen der Calanques am Mittelmeer, in der Nähe von Marseilles. Wir sind zu fünft: der Fels, der Mistral, das Meer und wir beide. Unsere Kletterroute führt diesmal nicht hoch, sondern quer. Wir wollen die felsige Landzunge umklettern und bewegen uns über der Brandung in abwechselnder Höhe von null bis zweihundert Meter. Der Mistral bläst, die Wellen gehen hoch. Die Gischt auf den Wellen züngelt und scheint bemüht, einen Kletterschuh zu erwischen. Während eines Wellentals versucht mein Freund und Seilschaftspartner behend eine Traverse – doch die Welle ist schneller, er verschwindet, taucht wieder auf und tropft. Eisig kalt der Mistral, doch die Kleider trocknen. Zuvorderst auf dem Kap gönnen wir uns bei aufkommender Sonnenwärme Ruhe. Das Erlebnis bewegt mich dazu, die Wellen genauer zu betrachten, und ich beobachte, wie harter Wind bläst, Wellen jäh aufgerissen und Teilchen davon versprüht werden. Das Wellenbild transformiert sich zum Partikelbild. Ich spüre, was man nicht sieht: den Beweger der Wellen, den Mistral. Einige Gedanken gehen mir durch den Kopf: Wenn die Luft über das Wasser streicht, zeichnen sich im Wasser Wellen ab. Wenn Wasser über den sandigen Untergrund streicht, zeichnen sich im Sand Wellen ab. Allgemeiner: Wenn Bewegtes über Ruhendes streicht, wird das Ruhende leicht ergriffen, fällt aber sogleich wieder in die Ruhe zurück, wird jedoch wieder ergriffen. Ergriffen werden und in die Träge zurückfallen, das ist das Urphänomen der Welle, des Pulses, des Rhythmus. Der Ruhe zugetan im Menschen ist der Kopf. Bewegung geht vom Stoffwechsel und den Gliedmassen, vom mehr belebten Pol des Menschen aus. Dort, in der Mitte, wo beide zusammentreffen, wo Bewegtes Ruhendes ergreift, entsteht sich wellenartig Bewegendes. Wo Lebendiges mit Ruhendem zusammentrifft, entstehen Puls und Atem. Die Organe werden ergriffen: Die Brust beginnt zu beben, das Herz zu pochen, das Blut zu pulsieren. Sie fallen immer wieder zurück und werden immer wieder vom Lebendigen ergriffen.

Noch wesentlicher läßt sich sagen: Wo Lebendiges, sich in steter Bewegung Befindendes von graduell Lebensärmerem aufgehalten wird, entstehen Wellen, Puls und Rhythmen. Überall dort, wo wir Wellen begegnen, findet eine Begegnung statt. Welle ist Ausdruck dieser Begegnung. Welle ohne solche Begegnung gibt es nicht. Welle ist immer Folge, nie Ursache. Da das Tote steif, sperrig und träg ist, stoppt es das Feinere. Wenn sehr Grobes wie etwa die erstorbene Materie, zum Beispiel die erstarrten Kristalle, etwas sehr Feines in der Begegnung aufhält, entstehen für die äußere Wahrnehmung ganz feine Wellen. Länge oder Kürze von Wellen ist eine Frage des Auseinanderklaffens von Fein und Grob, von Lebenskraft und Todesmacht. Je größer der Unterschied, um so feiner die Wellen. Licht, Leben bewegt sich, fortwährend strömend, nicht als Welle, sondern als Wesen. In der Berührung ergreift und entreißt es dem Toten Substanz: Es entsteht die sogenannte Materienstrahlung. Ist Materie dem Zerfall nahe wie Uran, entsteht Partikelstrahlung. Äußert sich die Begegnung mehr im lebendig Fließenden, ergibt sich das Wellenbild. Ist die Begegnung mehr im Toten, kommt es zur korpuskulären Strahlung. Aber auch diese könnte niemals strahlen, wenn diese ziemlich tote Materie nicht von Unsichtbarem, vergleichbar dem Mistral, ergriffen würde. So ergeben sich die Scheinbilder – des Lichts mehr als Wellen oder mehr als Korpuskeln, von den Quanten, von den Elementarteilchen, die als Strahlung von der Materie ausgehen: sozusagen Absplitterungsstrahlung. Die Dualität Welle und Korpuskel betrifft die Taten des Lichts und nicht das Licht selbst. Licht ist weder Welle noch Wellenpaket, noch Photon, noch Korpuskel, sondern dahinterstehendes, sich wesenhaft Bewegendes. Auch die Farben sind nicht das Licht, sondern seine Taten. Die heutigen Theorien des Lichts sind ein Produkt der Forschung mit den Augen unter Nichtbeachtung des Unsichtbaren. Das Licht selbst zeigt sich aber auch als ein Pflanzen hervorbringendes Wesen. Pflanzen sind die tausendfachen Kapriolen des Lichts. Pflanzenstoffwechsel ist Weisheit des Lichts. Und so finden wir beim Erweitern des Blicks auf Lebendiges auch Definitionen und Manifestationen des Lichts, die jene der Physik an Wahrheit bei weitem übertreffen. In allem, was lebt, ist das Licht. Im Licht ist göttliche Weisheit tätig. Licht ist im Grunde genommen, wie Materie, unsichtbar. Erst an der Oberfläche, in der Auseinandersetzung mit der Materie, manifestiert es sich in den Farben, im Glitzern der Meereswellen. Licht ist ein Geschenk der Gottheit, die in des Lichtes Farben etwas von sich sehen läßt. Dankbar bin ich den Wellen, aus denen sich die aufgepeitschten Tropfen lösen. Ich liebe die Wellen, die uns durchnäßt und durchtränkt und Erkenntnis gebracht haben. Liebe ist das Geschenk der Gottheit, die damit etwas von sich spüren läßt.

Sterne, die zu uns kommen – Sterne, die etwas mit uns vorhaben

Aufregung am Himmel: Ein Komet kommt! Aufregung auch bei mir und meinen Bergsteigerfreunden: Mit Skiern steigen wir auf das Jungfraujoch, dann geht es über den Konkordiaplatz, diese riesigste Eislandschaft der Schweizer Berge, hinüber zur Hollandiahütte und von dort in der Nacht hinauf zur Ebenen Fluh – dort wollen wir den Kometen beobachten. Er ist von bloßem Auge sichtbar. Eigenwillige Sterne sind diese Kometen, sie tauchen irgendwo am Himmel auf, gleich einem Fixstern, der sich verirrt hat. Ein Stern ohne Schattenseite hier in unserem Planetensystem, selbst leuchtend, mit mehr oder weniger aktivem Kern. Ein fremdes Ding – was beabsichtigt es? Ist es guter oder übler Natur? Der 1996 aufgetauchte Hyakutake erscheint als diffuses Licht, größer als die benachbarten Sterne und von der Leuchtkraft der hellsten am Himmel. Gespenstisch grünlich ist sein Wesen, und er strahlt radioaktive Röntgenstrahlen aus. Und trotzdem scheint er mit seinem riesigen Schweif als astraler Reiniger große Himmelspartien zu überwischen und rein zu fegen. Seine Röntgenstrahlung ist ein Zeichen dafür, daß in seinem Zusammentreffen mit zurückgebliebenen Thronen heftige Kämpfe auf seiner Bahn ausgetragen werden. Aktivitäten der Entmaterialisierung zur Reinigung von interstellaren Verhärtungen. Licht soll daraus werden. Interessant wäre es zu beobachten, ob der Sternenhimmel im Gebiet des Durchgangs des Kometen nach seinem Durchgang klarer und durchlässiger für das Sternenlicht dahinter geworden ist. Die Bahnen solcher Kometen ließen sich früher nur schlecht voraussagen. Sie schienen es des öftern auf die Erde abgesehen zu haben. Je näher sie kamen, um so mehr Aufregung gab es. Man denke: Ein Stern taucht am Himmel auf, kommt näher und näher, und die Menschen beginnen zu spät zu verstehen, daß Alltag nicht gleich Alltag ist. Zu Beginn dieses Jahrhunderts, als ein großer Komet, am Himmel gut sichtbar, auf die Welt zusteuerte, hat das große Aufregung verursacht. Menschen begannen von Religion zu Religion hin und her zu hüpfen. Einige stürzten sich schon freiwillig ins Jenseits, um auf den großen Crash etwas Vorsprung zu haben.

Heute oder vielleicht morgen kann es geschehen. Innerlich müßte sich jeder Fragen stellen: Wie fest hänge ich am Leben, habe ich das getan, was ich wollte, kann ich noch etwas gutmachen? Viele würden einander noch um Verzeihung bitten. So können solche Kometen, die sich der Erde nähern, auch etwas Heilendes an sich haben, Ungleichheiten zwischen Menschen aufheben, uns Demut schenken.

Der Mensch denkt, Gott lenkt – diesmal den Kometen. Würde im Leben nur geschehen, was sich der Mensch ausdenkt, wäre die Welt eine Einöde und das Leben leer. Sterne können noch für Überraschungen sorgen, wie eben um die letzte Jahrhundertwende. Die Bahnberechnungen waren fast richtig, der Komet hat sich jedoch geteilt und ging an der Erde vorbei. Falls er wiederkommt, wird er vielleicht noch viel feiner sein. Die Menschen können aufatmen. Unsichtbaren Kometendunst atmen wir ein. Der Komet wird uns nicht auf die Köpfe fallen, sondern die Lungen und den Menschen innerlich durchdringen. Das kosmische Eisen wird im Blut nochmals aufleuchten, wie vorher als Sternschnuppe am Himmel. Durchleuchtet, befeuert von eigenwilliger Kometen- und Meteorenkraft, wird der Mensch seinen individuellen Willen in den Dienst dieses Sterns stellen und sagen: «Ich will!» Der Michaelstern lacht, denn er hat gewollt, daß wir jetzt wollen, und uns dafür das Eisen ins Blut geblasen!

Was aber bewirken Meteoriteneinschläge in Planeten, wie jene vom Jahr 1995 in den Jupiter? Welche indirekten Wirkungen haben sie auf uns Menschen? Kein physisches Ereignis am Himmel ist möglich ohne dazugehörige geistige Tat! Bedenken wir: Unser Körper ist irdischer Herkunft, die Seele und der Seelenleib haben ihre Heimat in den Sternen, in den «astris», daher wird er auch Astralleib genannt. Jede Nacht verläßt uns unsere Seele und macht die Sternenereignisse ohne unser Bewußtsein mit, indem sie sich mit den Hierarchien und den Planeten verbindet. Was daraus hervorgeht, empfinden wir am Morgen des nächsten Tages, wenn wir mit neuen Gedanken und neuen seelischen Fähigkeiten erwachen. Beobachtungen wie das Lernen über Nacht oder Eingebungen, die unmöglich auf das Geschehen des Vortags zurückzuführen sind, zeigen uns, daß es ein seelisches Fortschreiten im Schlaf, in der Verbindung mit den Sternen und Planeten gibt. Die Planetenwesenheiten sind die wirklichen Lehrer der menschlichen Seele. Rudolf Steiner zeigt auf, wie der Mars auf die Empfindungsseele, der Merkur auf die Verstandesseele und der Jupiter auf die Bewußtseinsseele einwirkt.

Wir Menschen konnten im Sommer 1995 die Einschläge auf dem Jupiter mitverfolgen. Meteorit und Planet sind wie Pollen und Stempel, sie sind Vater und Mutter. Jede Befruchtung ist ein Meteoriteneinschlag! Warum hat sich dies auf dem Jupiter ereignet? Im Hinblick auf welche Entwicklung? Die Physiker glauben den Grund in der großen Masse des Jupiters mit seiner mächtigen Anziehungskraft zu sehen, im toten Gesetz der Kausalität. Wer jedoch das Geistige dahinter sucht und das Ereignis am Himmel eins zu eins in die geistige Sprache übersetzt, wurde Zeuge davon, wie Geist in die Bewußtseinsseele eingeschlagen hat. Unsere Seele, die sich nachts auch in der Jupitersphäre aufhält, wurde dadurch verändert. Wir konnten mit Fernrohren sehen, wie sich das Bewußtsein im Verlauf der Zeit vehement verändern wird. Auch die Kometen sind geistige Gebilde mit astral reinigender Tätigkeit. Sie unterstehen direkt den höchsten Hierarchien: den Cherubim und den Seraphim. Ihnen werfen sich die Throne (Wesen der Verdichtung, die Schöpfer der Mineralienseelen) entgegen, wodurch die derbe Materialität der Kometen und Meteore entsteht. Ihre Substanz ist originär geistigen Ursprungs.

Im folgenden Kapitel möchte ich Ihnen von einer anderen Begegnung am Himmel erzählen, die mich als Kind tief beeindruckt hat und vieles verstehen ließ: von der Begegnung zweier Planeten.

Eine himmlische Begegnung: Wenn der Mars die Venus trifft

Als Kind haben mich die Sterne sehr berührt. An Weihnachten erhielt ich ein Buch mit schönen, tiefblauen Tafeln des Sternenhimmels. Diese habe ich nachgezeichnet und versucht, selbst die Sternbilder am Himmel zu suchen und mir den Gang der Milchstraße durch den Sternenhimmel einzuprägen. In unserem Länggasse-Quartier in Bern gab es die Universitätssternwarte, ein Observatorium, das jeweils am Donnerstagabend bei schönem Wetter für das Publikum geöffnet war. Meist war ich allein an diesen öffentlichen Vorführungen, zusammen mit dem diensthabenden Astronomen. Ich war sehr schüchtern, wagte kaum, etwas zu sagen, und staunte viel: Kugelsternhaufen, den Andromedanebel, die Magellansche Wolke, den Ringnebel in der Leier, Ausschnitte der Milchstraße, Doppelsterne durfte ich beobachten. Dazwischen die Stille mit dem Rollen der Kuppel, das Drehen des Fernrohrs. Wir suchten ein neues Objekt: die Saturnringe frei schwebend im All. Die sichtbar kreisenden Jupitermonde mit ihren Schatten bannen jeden Kinderblick, ebenso der rötliche Mars, Venus und Merkur, sichelartig von der Sonne beschienen, oder Ausschnitte aus dem Mond. Dieser war im Fernrohr nicht überblickbar. Die Mondberge warfen Schatten, aus deren Längen sich ihre Höhen und die Tiefen der Gräben abschätzen ließen. Nach dem Aufsetzen eines Okulars mit einem Prisma ist bei jedem Stern ein regenbogenfarbiger Strich von

Rot bis Blau zu sehen. Der Astronom sagte, man zerlege das Licht in die Spektralfarben. Dann richtete er das Fernrohr auf eine gasbetriebene Straßenlampe am Gurten, dem nahen Hausberg, und ich konnte die speziellen Farben des Spektrums der Gaslampe sehen. Je nachdem, was für ein Gas zum Leuchten gebracht werde, könne man aus der Farbverteilung im Spektrum auf seine Beschaffenheit schließen. Es wurde mir klar, daß man so die selbstleuchtenden Sterne auf ihre gasförmigen Elemente hin untersuchen konnte.

Es war schwierig, durch den kleinen Ausschnitt in der Kuppel der Sternwarte die Sterne zu orten. Während andere Comicfiguren gezeichnet haben, versuchte ich, Sternkarten anzufertigen. Je besser ich die Sterngruppierungen am Himmel kannte, desto mehr ist mir aufgefallen – ohne Fernrohr, mit bloßem Auge –, daß am Himmel nicht immer alles gleichbleibt, sondern daß es markante Sterne gibt, die langsam «wandern». Jeden Tag verändern sie ihre Position ein klein wenig. So habe ich beobachtet, wie sich einer dieser wandelnden Sterne auf einen anderen zu bewegt, und da interessiert sich natürlich ein Kind dafür, ob diese zwei Sterne wirklich aneinanderstoßen. Der eine war hell gleißend, der andere etwas kleiner und rötlich. Ich konnte es kaum erwarten und hätte so gerne gehabt, daß die beiden aufeinandertreffen würden. Und es sah auch ganz danach aus. Ich beobachtete das Fortschreiten der beiden Sterne bis zum nächsten Abend, teilte die Strecke im Kopf ein und errechnete den Zeitpunkt der Kollision. Doch es kam anders, ich hatte nicht mit der Eigenwilligkeit dieser Gestirne gerechnet. Der größere Stern verlangsamte sein Tempo und begann vom Kollisionskurs abzuweichen. Da stand er fast still – alles Schubsen meinerseits half nichts –, er machte sogar einen Rückzieher, etwas feige, wie mich dünkte. Der Schöne war die Venus, der Rote der Mars.

Die Venus ist sozusagen nur schnuppern gegangen, worauf der Mars erst recht zu seiner vollen Röte erglänzte. Damit haben sich die Nachtvorstellungen am Himmel, die über vierzehn Tage dauerten, beruhigt, abgesehen davon, daß hie und da ein Fixsternlein durch die Venus in Bedrängnis kam. Seither ist für mich der Sternenhimmel lebendig, nicht nur wegen der vielen Sternschnuppen, die in jeder Nacht immer wieder durch das Sternenmeer schnellen. Mich begannen die Begegnungen der Sterne zu interessieren. Ich wußte nun: Es gibt Sterne, die sich im Meer der anderen ihren Weg wählen, die sich am Himmel vorwärts und rückwärts bewegen können. Und da fühlte ich auch Dankbarkeit, daß unsere Sonne frei von dieser Unart ist.

Wie die Pflanzen diesen wandelnden Sternen nachspüren, soll das Thema des nächsten Kapitels sein.

Es duften die Sterne, es riechen die Wesen: Wie Pflanzen den Sternen nachspüren

Aufbruch: Die Kerze ist angezündet, wir verlassen das Zelt und leuchten mit der Laterne in die dunkle Nacht hinein. Unten das Kerzenlicht, oben das Firmament. Die entzündeten Gase der Kerzenflamme bilden einen Hof. Ein Windstoß genügt, und die Laterne ist ausgeblasen. Grobkörnig schaut sich die Dunkelheit im umliegenden Geröll an. Der Rauchfaden des erloschenen Dochtes riecht. Es riecht aber auch der Rauch aus dem nicht ganz erloschenen Vulkan. Es duften die schwefligen Gase – ein duftender Berg! Mir ist ein Berg, der solchen Duft verströmt, nicht ganz geheuer. Da liegen mir die sonnendurchfluteten Bergwiesen mit dem Vanillearoma der «Bränderli» (Männertreu) und dem Duft von Alpenrosen und Arnika schon näher. Viele Erinnerungen an Düfte gehen mir durch den Kopf: der Duft des Meeres im Fischerhafen, Küchendüfte, Düfte von Menschen, von Lebewesen, Düfte einer Hafenstadt. Tote Gerüche aus dem Verkehr, Abgase und Gestank von Industrie und Heizungen in London. Wo Leben ist, verströmt es in der Ausatmung. Die Zugvögel fliegen den Frühlingsdüften der neu belebten Wiesengründe entgegen. Die ganze Welt duftet und verströmt ihren Atem, ihre Gase weit hinaus ins Weltall. Unser Planet muß von feinen Nasen im Weltall wahrgenommen werden. Wie steht es aber mit den anderen Sternen und Planeten? Werden nicht auch Merkur, der sonnennächste Planet, und Venus, die Schöne, vom Sonnenhauch in Brand gesetzt, zum Schmelzen und zum Duftverströmen angeregt? Gibt es Nasen, die Sterne riechen? Gibt es Wesen, die sich den Sternengasen hingeben, diese sammeln, konzentrieren, vielleicht ausatmend auch wieder verströmen? Düfte lassen sich sammeln, durch Nasen gezielt zur Aufbewahrung einatmen. Düfte von Sternen ließen sich auch sammeln, wenn ein Wesen sich ganz einem bestimmten Stern hingeben, ihm folgen würde. Wer folgt unserer Sonne nach, wer spürt die Planeten auf?

Das Gras wächst direkt der Sonne entgegen. Wenn es gemäht, vom Kosmos abgetrennt ist, beginnt der lange Ausatmungsprozeß; das Heu verströmt den Sonnenduft, der über das Jahr hinweg durch das lebendige Gras eingeatmet wurde. Das Veilchen ist ein anderes Wesen, es gibt sich ganz der Venus hin. Sein Duft ist venusähnlich. Beobachten Sie mit ihm die Veilchengöttin, die am Himmel glänzende Venus. Wie steht es um den Stinkasant und seinen Duftgott, den Saturn? Müßten wir nicht wie Spürhunde dem Schweif der Kometen nachschnüffeln? Alle Planeten lassen auf ihrer Bahn einen Duftschweif liegen, und alle diese Schweife könnten auf einer kosmischen Duftmarkenkarte registriert werden. Besonders dann, wenn sich die Planeten der Sonne nähern, hinterlassen sie starke Duftzeichen im All. Wenn die Welt der Sonne näherkommt, geht eine Erregung durch die Blumenwelt! Diese erleben wir Menschen im Frühjahr auch mit.

Eigentlich ist es normal, daß Wesen Nasen haben. Warum sollten nicht auch Pflanzen mit einem der Nase verwandten Organ den Sternen nachschnuppern? Ich habe schon vieles gesucht in der Natur: Mineralien, Kristalle, Muscheln, Samen, Blätter, Tannzapfen; aber heute suche ich die Natur nach Nasen ab! Ich finde Elefanten und Spitzmäuse und Nashörner. Plötzlich entdecke ich einen Nashornkäfer am Boden, und gleich daneben blüht ein Nashornginster! Tatsächlich: ein Ginster, dessen Blüte ein Miniaturnashorn ist. Ich beginne, die Blüten von Pflanzen systematisch ihrer Form nach mit Nasen zu vergleichen, und ich denke mir dabei: Wo Rachen- und Lippenblütler sich finden, können Nasenblütler nicht weit sein. Und tatsächlich empfinde ich beim Betrachten des in seiner Blüte spitz zulaufenden Ginsters etwas Nashornähnliches. Wunderbar duften diese Blüten aus ihrer Nase. Meine Forschungen lohnen sich. Ich entdecke die exakten Nasenformen des Rhinozerosses in einer Orchidee. Auch sie duftet. Es finden sich weiter Stupsnasen, Hakennasen, Gradnasen, Krummnasen, «Gix- und Gäxnasen» (würde man in meinem Dialekt sagen) aller Art im mannigfaltigen Blütenreich. In Korbblütlern sitzen ganze Körbe voller Nasen. Es gibt auch Blumen, die den Rachen weit aufsperren. Schon manch ein Insekt hat nicht mehr aus einem solchen Schlund herausgefunden. Setzen Sie sich doch einmal auf eine Wiese, und riechen Sie an den Blumen. Aber aufgepaßt: Stoßen Sie nicht die Nase an!

38

Der Geschmack der Sterne

Großes Glück widerfährt mir, denn das Leben erlaubt mir, in den Süden zu fahren, um Neues von der Welt und den Menschen zu sehen. Menschen am Meer sind anders als Menschen in den Bergen. Die Eruptionsrhythmen der Vulkanmenschen kenne ich zu wenig, als daß es mir bei ihnen immer geheuer wäre. Vulkane schleudern heiße Schmelze aus, die zu schwarzem, eisendurchdrungenem Obsidian erstarren. Ich schaue mir die schwarzhaarigen Menschen an, die durchdringende Obsidianblicke verschleudern. Das Haar wird vom Eisengehalt schwarz. Was sind das für Menschen, die Eisen aussondern? Weibliche Obsidianaugen verschlagen mir den Atem, männliche beschleunigen den Puls. Der Blick in die tiefsten Vulkanschlote – die schwarzen Pupillen – riskiert, plötzlich herausgeschleudert zu werden. Ich ziehe es vor, in der äußeren Natur diese Experimente zu machen, in dunkle Krater hinunterzuschauen oder an den stehengebliebenen ehemaligen Vulkanschloten des Hoggars in der Sahara hinaufzuklettern. Was sind das aber für andere Menschen, die – Solfataren (vulkanische Schwefelgasquellen) gleich – rotblondes Haar ausscheiden, die Schwefel produzieren? Kennen Sie den schwefligen Geruch und den metallischen Geschmack? Es gibt Stoffwechselsituationen, die metallischen Geschmack im Mund hervorrufen, und solche, die schwefligen Geschmack verursachen. Es ist äußerst spannend, die dazugehörigen Seelenstimmungen zu beobachten. Mich hat es immer interessiert herauszufinden, auf welchen Kräften Vulkanausbrüche oder geologische Erschütterungen beruhen. Wenn ich jeweils nicht mehr weiterkomme bei meinen Beobachtungen der Naturphänomene, bediene ich mich eines Tricks, der meist weiterführt: Da der Mensch Abbild des Schöpfers (noch unvollendeter Prototyp), Abbild des Kosmos ist, sind die kosmischen Phänomene am Menschen studierbar. Die schönsten Vulkanausbrüche am Menschen habe ich beobachtet, wenn jemand sich getraut hat, das richtige Wort zur falschen Zeit zu äußern (heute hüte ich mich davor). Eines ist mir dabei klargeworden: Weniger physische Kräfte rufen Erschütterungen hervor, sondern vielmehr geistige. Auf die geologischen Geschehen angewendet bedeutet dies, daß Beben, die die Erde erschüttern, durchaus auf geistige Kräfte zurückzuführen sind. Es ist daher logisch, die Erdbebenkräfte am Sternenhimmel zu suchen. Die Konstellationen der Sterne zueinander sind geistige Worte, die gesprochen werden und sich im Laufe der Zeit zu Sätzen formen, die Kraft entwickeln.

Bei den Vulkanen entweicht das Gasförmige nach oben, während sich das Gröbere krustenartig auskristallisierend am Kraterrand ablagert und zu den schwefligen und mineralischen Ausschwitzungen der Erde führt. Das sind die Erdschweiße mit ihrem salzigen Geschmack. Die Erde hat ihren Geschmack, und es ist anzunehmen, daß die anderen Planeten auch schmecken. Duft wird von der Nase, Geschmack im Wässrigen mit der Zunge wahrgenommen. So haben sich alle unsere Sinnesorgane durch Impulse von außen gebildet: Das Auge ist am Licht durch das Licht entstanden, das Ohr am Ton durch den Ton und die Zungenpapillen am Geschmack. Wir forschen weiter: Was sind Aromen, wo sind sie zu finden? Aromen sind etwas schwerere Düfte für die Zunge. Wir finden sie in den Salzen des Meeres, an den Klippen, wo das Wasser verdunstet. Und in der lebendigen Natur im Pflanzenreich? Das sind Fragen, die ich mit mir herumtrage. Eines weiß ich genau: Es braucht Geduld, um Antworten zu erhalten. Forschung ist nichts für Ungeduldige. Mir wird plötzlich klar, was ich in der lebendigen Natur suchen muß: Zungen! Und da finde ich nebst allerhand roten Zungen von Tieren auch grüne Zungen: Natternzunge, Hundszunge, Ochsenzunge (Borretschgewächs), Hirschzunge (Farngewächs). Ich begegne Pflanzen, die Blätter mit äußerst differenziert ausgebildeten Geschmackspapillen haben, zum Beispiel die Karden. Warum auch sollten Lebewesen keine Zungen haben? Der Salbei, der Löwenzahn heilen, homöopathisch eingenommen, leberbedingte Zungenausschwitzungen. Bei Zungenbrennen helfen in rhythmisierter homöopathischer Form die roten Pfefferschotenzungen. Wer kennt nicht die fein behaarten Salbeizungen? In den Wurzeln finden wir die mineralischen Salze, im luftigen Bereich der Blüten die Düfte, im wässrigen Blattbereich die Aromen. Pflanzen lagern die von ihnen gesammelten Sternendämpfe in den Blättern als Aromen ab. Blattpflanzen sind Wesen, die eine Fülle von Zungen dem Himmel entgegenstrecken und fortwährend den Himmel abschmecken. Wenn Sie genüßlich Blattsalat essen, begegnen sich in Ihrem Mund pflanzliche und menschliche Zunge! Der Geschmack der Blätter ist der Geschmack der Sterne, denen sie sich zuwenden!

Unsere Forschungsreise soll weitergehen. Pflanzen riechen und schmecken den Himmel ab. Können sie ihn aber auch beobachten?

41

Wie Pflanzen die Sterne beobachten

Der Regen hat den brachliegenden Acker aufgeweicht, und die Erde ist wieder locker. Das ist die ideale Voraussetzung für mein Vorhaben heute: Wurzeln auszugraben und nach Sinnesorganen zu untersuchen. Wesen können Augen haben, das weiß ich von Mensch und Tier. Augen ruhen im Kopf, dem Hauptsitz des Nervensystems. Von der Heilkunde her weiß ich, daß Wurzeln heilend ins Nerven-Sinnes-System hineinwirken. Eine Pflanze ist vergleichbar mit einem Menschen, der auf dem Kopf steht. Demzufolge ist es sinnvoll, in den Wurzeln so etwas wie pflanzliche Augen zu suchen. Pflanzliche Wesen haben mir schon ihre Nasen, ihre Zungen gezeigt. Warum sollten an ihnen nicht auch Gebilde zu finden sein, die dem ätherischen Bau nach Augen sind? Mein Großvater hat mir beim Kartoffelsetzen jeweils die Augen der Setzlinge vorgezählt. Ich reiße Pfahlwurzeln aus, untersuche sie nach Augen! Dabei finde ich augenähnliche Strukturen, die mir bereits an Bäumen und Sträuchern des nahen Waldrandes aufgefallen sind. Ich betrachte sie genauer und entdecke, wie sich dort, wo die Äste in den Stamm eintauchen, die Rinde zu augenähnlichen Faltungen aufwirft. Um die Knospen herum finde ich das gleiche Phänomen. Knospen sind eigentlich kleine Setzlinge auf der Rinde. Ihre Wurzeln verflechten sich zum Bast des Baums oder Strauchs. Äste sind weiterentwickelte Knospen und wachsen wie diese durch Assimilation, von Luft und Licht her, in den Baum hinein. Das Eintauchen in die Rinde wirft Wellen auf, gleich einem ins Wasser geworfenen Stein. Eine Pflanze ist lebendige Flüssigkeit, kann darum auch innerlich wogen, nur spielt sich das alles lautlos und in Wachstumsgeschwindigkeit ab, bis zur allmählichen Verholzung. Das sind die Gesetze des Lebendigen, des Ätherischen. Augen entstehen im Menschen dadurch, daß von außen her Ektoderm einwandert und in Berührung mit den Neuroderm sich zur Gestalt des Auges wandelt. Sinnesorgane sind Golfe, in denen sich die Außenwelt mit der Innenwelt berührt. Durch sie kommt ein Stück Außenwelt in den Körper hinein und transformiert ihn zum Wahrnehmungsorgan für eben diese Außenwelt. Mineralisches wird in der Erde durch die feinsten Würzelchen von außen her an die Pfahlwurzeln herangetragen.

Mineralisch-Kristallines macht sich an das Pflanzenwesen heran, vom Erdreich her. Es entstehen dadurch unterirdische Augen. Wo aber Augen ruhend schauen, wird die Materie durchsichtig – ich hab's erlebt am Lauteraarhorn! Dadurch sind sie in der Lage, das Wirkende der Sterne wahrzunehmen, geistig zu sehen. Mit den Wurzelaugen in der Erde betrachten Pflanzen in tiefstem Schlafzustand, unbewußt, aber aufnehmend, jahrein, jahraus Sterne, und ihre Säfte strömen den Planeten zu. Es entstehen, je nachdem, welchem Planeten oder welchem Stern sie sich aufopfern, ganz verschiedene Kräuter, Büsche und Bäume. Es streben die Mondrauten dem Mond zu. Das Mercurialis perennis, das Bingelkraut, ein mercurielles Wolfsmilchgewächs, läßt sich vom Merkur hypnotisieren. Iris versicolor wächst ganz in der Sehnsucht nach der Venus. Es strebt die Sonnenblume nach unserem Tagesgestirn, das Eisenkraut nach dem Mars, die Traube nach dem Jupiter, der Schlehenstrauch nach dem Saturn! Pflanzen haben in ihren Wurzeln Lichtsinnesorgane für den Sternenhimmel! Sie sind die besten Astronomen; nichts, keine Planetenbewegung entgeht ihnen am Himmel. Sie nehmen alles in sich auf, was in den Gestirnen geschieht, gedeihen und fruchten mit den Rhythmen der Sterne. Beobachtet werden diese Rhythmen durch die Wurzelaugen der Pflanzen.

Pflanzen sind lebende Wesen im Tiefschlaf. Ihnen sollte man sich mit der gleichen Behutsamkeit nähern, wie man sich schlafenden Kindern nähert, um sie in ihren ätherischen Sternenberührungen nicht zu stören.

Wie Tiere den Sternen nachspüren

Dieses kleine Erlebnis soll veranschaulichen, wie auch Tiere indirekt über die Pflanzenwelt eine Verbindung zum Kosmos eingehen:

Es sind nicht Pilze, es sind Wildschweine, die ich rieche! Die Nacht ist noch dunkel. Eingemummt in meinem Biwaksack habe ich geschlafen, bis mich ein nahes Knacken aufgeschreckt hat. Mitten in einem Wildschweinrudel, etwas geschützt durch einen Wacholderstrauch, wittere ich die Tiere. Ich höre sie in die Erde hineinschnauben, und immer wieder knacken Wurzeln, wenn die Eber und die Bachen mit ihren starken Nasen den Boden durchpflügen. Die Wildschweine sehen nicht so gut, sie leben mehr in der Nase. Sie geben mir in dieser kühlen Nacht ein Rätsel auf: Wie gelingt es ihnen, Speck anzusetzen? Selbst fressen sie in der Natur nichts Derartiges, sondern ernähren sich ausschließlich von Pflanzen. Ob sie mir ihr Geheimnis preisgeben? Ein wenig mehr Fett hätte ich schon in mancher Biwaknacht gebrauchen können. Der Gedanke läßt mich nicht mehr los, daß ich, um kostbares Fett anzusetzen, wie sie Wurzeln zu mir nehmen müßte. Um meinen Wärmemantel aus durchsichtigem, kristallklarem Fett zu festigen, muß ich Zwiebeln und Pfahlwurzeln nachstellen. Die Wildschweine verwurzeln sich sozusagen mit ihrem Riechhirn im Boden, verbinden sich so mit den Pflanzen und damit auch mit den Sternen. Denn die Pflanzen sind über ihre Blüten und Blätter die besten Sammler der Sternenweisheit, welche sich in den Wurzeln zum Nahrungsmittel verdichtet. Die Liebe der Pflanze zum Kosmos verdichtet sich zur Wurzel, die sich im Wildschwein zum wärmespendenden Fett wandelt. Fett ist Wärme, ist Liebe. Es ist nicht der Knochen, der zwischenmenschliche Wärme aufkommen läßt, sondern das Fett, in dessen Armen Kinder und Erwachsene weich und geschmeidig werden und Liebe gedeiht. Wildschweine haben mir verraten, wie es möglich wäre, ein wenig Fett zuzulegen. In einer Zeit, wo viele danach trachten, das Fett, das Substrat der Liebe, loszuwerden, ist es gut, auch ein Rezept zu haben, wie gesundes Fett angelegt werden kann. Wegwarten, wilde Möhren und auch die für uns eßbaren Rettiche, Rüben und Möhren reichen kosmisch hinauf bis zum Saturn. Solche Pflanzen sind besonders geeignet, die Fettbildung im ganzen Menschen und die Phospholipiden des Nervensystems anzuregen, das heißt Wärme und Liebe bis ins Denken hineinzuleiten. Ich danke dem Rudel für diese Erkenntnis und schlafe nochmals ein. Die Dämmerung kommt auf, die Wildschweine haben sich verzogen, und mir ist warm zumute.

47

Der Wolf frisst die Sonne!

An ein Ereignis mag ich mich erinnern, das mich zutiefst berührt hat. An einem strahlend schönen Sommertag begann sich der Himmel zu meinem großen Erschrecken schnell zu verdunkeln, ohne daß Wolken sichtbar waren. Sterne begannen am Tag zu erglänzen! Überwältigte die Nacht plötzlich den Tag?

Stellen Sie sich vor, welche Furcht die Menschen beim Öffnen der Fensterläden ergreifen würde, wenn aus dem Schlafzimmer die Dunkelheit ausströmen, das Licht besiegen und draußen Nacht verbreiten würde. Glücklicherweise besiegt die Helligkeit die Dunkelheit, und der Mond wird gezwungen, die Sonne wieder loszulassen! Andernfalls wäre dies gleichbedeutend mit einer kosmischen Rückentwicklung in die Zeit der letzten Inkarnation unseres Planeten. Zum Glück ist nicht alles relativ, wo Licht und Leben sind. Stellen Sie sich vor, es wäre alles in der Zeit umkehrbar. Plötzlich würde sich ein Greis wieder zu verjüngen beginnen, mittleres Alter annehmen, unflätig jugendlich werden und sich in ein liebliches, göttlich duftendes Bébé verwandeln. Möglicherweise würden wir wieder ins Zeitalter der alten Griechen eintauchen. Der Gang der Geschichte ist unwiderruflich nach vorne gerichtet. Die Physik selbst muß sich relativieren in Anbetracht der Phänomene des Lebendigen. Ich hoffe, daß wir schon bald solche Vorstellungen von rein toten Mechanismen und

Energiephänomenen im lebendig durchgeistigten All zur Seite legen können. Es ist nicht auszuschließen, daß das vergangene Jahrhundert mit seinen physikalischen Theorien als das Jahrhundert des größten wissenschaftlichen Aberglaubens gelten wird. Wer sich jetzt ernsthaft bemüht, über die Materie nachzudenken, wird seine an der Materie hart erarbeiteten Denkfähigkeiten bestens dazu gebrauchen können, nichtmaterialistische Phänomene zu bedenken.

Ich glaube, daß sich gerade solche Menschen zu den vehementesten Vertretern des Geisterkennens in der Substanz – des Wirkgeistdenkens statt Wirkstoffdenkens – wandeln werden, so daß das zwanzigste Jahrhundert in Zukunft erst recht seinen Sinn erhalten wird. Totes mechanisches Denken wird heute noch zur Erklärung der Sonnenfinsternisse herangezogen. Es wird nicht nach dem geistigen Beweggrund des Mondes, der Planeten und der Sonne gefragt. Abstrakte Gesetze als Beweggrund befriedigen unsere Verstandesseele und lassen vorerst nicht weiter fragen. Irdische Raum- und Zeitvorstellungen werden unangezweifelt in den Kosmos hinaus gedacht. Zeitveränderungen an totem Gestein werden gemessen und ins Lebendige der Sternenwelt hineinprojiziert. Gravitationskonstanten und Halbwertszeiten werden der Einfachheit halber als über Jahrmilliarden stabil angenommen. So kommt der Astronom auf schwindelerregende Zahlen in bezug auf das Alter der Sterne und auf furchterregende Jahrmillionen von Lichtjahren Distanz, die in diesem großen Wohnzimmerraum, dem All, herrschen sollen. Und weil Einstein auf seinem Arbeitsweg vom Berner Casinoplatz über die Kirchenfeldbrücke fasziniert war von der Krümmung der Straße zum Kirchenfeldquartier hin, hat er gleich postuliert, daß das Weltall gekrümmt sei – so jedenfalls lautet die Anekdote. Solche Vorstellungen werden in den Planetarien, an Schulen und

Universitäten verbreitet. Das führt zur Ansicht, daß das große Nichts im All ist. In Anbetracht der großen Leere, der nicht erlebbaren Zeiträume, der unüberwindbaren Distanzen, der Relativitätstheorie – ob vorwärts oder rückwärts ist einerlei – und der Quantentheorie, die selbst das lebenspendende Licht zu scherbenartigen Korpuskeln, die Zufall spielen, degradiert, fällt die innere Haltekraft des Menschen zusammen. Wir werden so zur Einsicht gedrängt, es habe keinen Sinn, in dieser gähnenden Leere zu leben, und schon gar nicht, für diese öde Einsamkeit im Weltall zu arbeiten. Dieses rein intellektuelle Denken läßt sich jedoch durch innere geistige Arbeit, wie sie im Büchlein *Wie erlangt man Erkenntnisse höherer Welten?* von Rudolf Steiner beschrieben ist, zum imaginativen, inspirativen und noch höheren Denken entwickeln.

Ich möchte als Physiker und Arzt mithelfen, aus solchen Vorstellungen herauszufinden, um das Geistige sowohl im Computer wie auch in der funktionierenden Technik, in Biochemie und Physiologie des Menschen bis hin zur Astrophysik und Sonnenfinsternis erkennen zu lernen. Welches Glück, daß das Licht die Dunkelheit erlöst! Wenn sich aber am hellichten Tag die Sonne verdunkelt, dann packt mich der Schreck. Was empfinden Naturvölker bei einer Sonnenfinsternis? Was steckt geistig dahinter? Für Naturvölker ist klar, daß kosmische Ereignisse geistige Taten sind. Sie empfinden Dunkelheit als Wesen, das sich an die Sonne heranmacht. Dieses Wesen wird dann plötzlich als schwarzer Schatten sichtbar. Er frißt sich in die Sonne hinein, bis diese aufzuflackern beginnt. Bei völliger Überwältigung leuchtet sie nochmals in der Korona auf, wie wenn das Licht – der Sonne Geist – versuchen würde, mit letzter Kraft zu entfliehen. Der Lauf der Sonne ist vorwärts gerichtet, von hinten, von zurückgebliebenen Wesenheiten wird sie angefallen, von Dunkelheit überwältigt. Nacht und Kälte verbreiten sich dabei. Von hinten kommt auch der Wolf, wenn er seine Beute jagt. Sein Reich ist die dunkle Nacht des kalten Nordens. Die Naturvölker empfinden wohl: Der Wolf frißt die Sonne! Das ist die lebendige Sprache der Natur! Ich beginne sie zu verstehen; sie ist wahrer als die Erzählungen der toten Astrophysik. Seelisch-Geistiges ist Beweggrund der Sternenkörper, des Mondes, und nicht umgekehrt. Unsichtbares bewegt auch den Menschen! Großes Glück widerfährt uns, wenn der Wolf die Sonne wieder losläßt. Dunkelheit ist wie Licht etwas, das für sich allein als Wesen vorkommt, unsichtbar und ungebunden an Materie. Die Manifestation des Wesens Dunkelheit an der Materie heißt Schatten. Die Dunkelheit muß sich also eines Körpers bedienen, um als Schatten in der Sinneswelt aufzutauchen. Schon lange vor der Sonnenfinsternis bringt die Dunkelheit den Mond in ihre Gewalt und führt ihn zur Sonne hin, um sie zu vertilgen. Es gelingt diesen Kräften, die ganze Sonnenentwicklung auszulöschen, längst vergangene Sonnenzustände wiederherzustellen, so daß wir während der Sonnenfinsternis den «Alten Mond» am Himmel sehen. Das ist das Bild der letzten vergangenen Inkarnation unserer Erde, und das macht angst. Was sehen wir am Himmel? Einen schwarzen, umflammten Mond, gleichsam mit einer feurigen Atmosphäre umgeben! Den Zustand, den uns Rudolf Steiner in seiner *Geheimwissenschaft* beschrieben hat: Damals hatten die alten Mondwesen noch keinen verinnerlichten Wärmeorganismus, sondern wurden von außen her durch die Feuergeister der Atmosphäre beatmet. Das war die Situation auf dem «Alten Mond», von dem noch Drachensagen zeugen. In der Sinneswelt scheinen die Himmelskörper Sonne und Mond äußerlich voneinander getrennt; das ist aber im Elementarischen nicht der Fall, eine Vereinigung findet ätherisch statt! Auf dem

«Alten Mond» hatten die Engel ihre damalige Stufe der Menschheitsentwicklung durchgemacht. In den Fackeln und Flammen um den Mond herum sehen wir während der Finsternis die an die dunkle Mondscheibe gefesselten, zurückgebliebenen Feuergeister züngeln. Die Möglichkeit zur Sonnenfinsternis ist immer bei Neumond gegeben, wenn dieser auf seinem Weg die Sonnenbahn kreuzt. In solchen kosmischen Konstellationen können althergebrachte, weit zurückliegende, karmische Geschehnisse wieder ins Leben des heutigen Menschen eintreten. Die Sonne wird am Himmel ausgestochen, so daß die karmischen fixen Verhältnisse des Fixsternenhimmels selbst tagsüber, unabgeschirmt durch die Sonne, ihren Einfluß auf den Menschen nehmen können. Mondknotenpunkte und Sonnenfinsternisse sind schicksalserfüllende Momente im Leben eines Menschen, der Menschheit und der Erde.

Auch bei Mondfinsternissen überfällt den Menschen ein Unbehagen. Die Zeiten liegen weit zurück, als der Mond noch vereint mit der Erde sein Dasein führte. Das ist zwar ein Ereignis der jetzigen Inkarnation unserer Erde und daher nicht so alt wie das Geschehen, von dem wir in der Sonnenfinsternis noch Reste zu Gesicht bekommen.

Furchterregend ist die Mondfinsternis dennoch. Hat sich doch viel Totes oder der Erstarrung Nahes von der Erde losgelöst, um die Erde vor dem Verhärten zu bewahren. Während dieser beiden großen kosmischen Ereignisse Sonnen- und Mondfinsternis fällt der Mensch mit der Erde in eine längst vergangene Zeit zurück, was ihn erschaudern läßt. Hoffentlich bewirkt dies, daß er sich in Freiheit einer lichten Zukunft zuwenden will.

Von der Auseinandersetzung des Lichtes mit der Dunkelheit im Kosmos wie in Mensch und Natur soll in den nachfolgenden Kapiteln über die Farben die Rede sein.

Engel, Mensch und Unterwelt

*

Hierarchien über und unter uns. Vom Umgang mit Gestirnen, Geist und Geistern

Der Mensch zwischen Himmel und Erde: Wie Sternenkräfte in den Menschen gelangen

Pflanzen ernähren sich aus dem Kosmos. Viele Tiere ernähren sich von Pflanzen, andere von Tieren oder – wie auch die meisten Menschen – von Tieren und Pflanzen. Dadurch treten die Lebewesen in Beziehung zum Kosmos. Leben wir im Süden oder Norden, in Ost oder West, und ernähren uns nach den jeweiligen Landessitten, fließt auch der lokale Sternenhimmel mit seinen Kräften zu uns herein. Geologische Gegebenheiten tragen ebenfalls zu unserem Wesen bei. Zwischen Erde und Himmel lebt der Mensch und setzt sich dadurch den Kräften beider aus. Wesenhaft ausgedrückt, bedeutet dies, daß die Erzengel der jeweiligen Regionen die Möglichkeit haben, direkt oder über Wärme, Wind, Wasser und Mineralsalze, Pflanzen und Tiere gestalterisch und mental auf den Menschen einzuwirken. Das bestimmt die verschiedenen Mentalitäten der Völker. Höhere Wesenheiten lenken die Menschheit auch über die Nahrung und die Rhythmen der Natur und geben uns dadurch die Möglichkeit, in einer Gegend den Schritt in der Seelenentwicklung zu tun, den wir uns bereits vorgeburtlich vorgenommen haben. Wir wählen unserem Entwicklungsstand entsprechend selbst die passende Geologie und Kultur aus. Dahinter stecken die tieferen Gründe der Zugehörigkeit zu einem oder zu verschiedenen Völkern der Erde. Geologie, Pflanzen und Tiere sind so verschieden wie Sprache, Sitten und Religionen der Menschen. Durch das viele Reisen und die weitere Verteilung der Nahrungsmittel beginnt sich aber Lokales aufzulösen. Menschen gelangen unter den Einfluß verschiedener Erzengel und Volksgeister und werden dadurch befähigt, fremde Sitten, Religionen und dazugehörige Sprachen immer besser zu verstehen. Wir werden, wenn wir uns auch Zeit zur Seelenentwicklung nehmen, immer mehr zu Erdenbürgern. Damit sich Völker verstehen lernen, ist es wichtig, auch die Nahrung der andern schätzen zu lernen. Natürlich ist es ein heikles Spiel zwischen umweltverschmutzenden Transporten und völkerverbindendem, menschengesundendem Effekt. Die Frage ist immer, ob auch Liebe und Brüderlichkeit mit im Spiel sind. Der Mensch ist frei zu entscheiden, welchen Mächten er sich hingeben will; ob er sich von kurzfristigen, egoistischen Trieben verleiten lassen und sich über rein besitzergreifende Motive in weitere Kriege hineinstürzen will oder ob er sich der übermenschlichen geistigen Zusammenhänge bewußt wird und beginnt, seinem höheren Wesen entsprechend zu handeln. Diese Entscheidung muß aber bei jeder Tat neu getroffen werden. Das heißt ganz praktisch, daß wir versuchen müssen, aufbauend, positiv zu denken. Wenn wir beim Sprechen darauf achten, unsere Worte liebevoll zu gebrauchen, beim Handeln darauf bedacht sind, in Ehrfurcht und mit Sorgfalt aus unserem Bewußtsein heraus Gutes zu tun; wenn uns diese innere Haltung zur Gewohnheit wird, dann kommt das nicht nur uns zugute, sonden wir ernähren damit auch die Wesen höherer Hierarchien, die sich dann ihrerseits immer inniger mit uns verbinden.

Wie wir Menschen auf die höheren Welten, auf uns selbst und auf die lebendige Erde einwirken, das möchte ich in den folgenden Kapiteln zu schildern versuchen.

Wege zu den Engeln

Um zufrieden und freudig einen neuen Tag beginnen zu können, ist es gut, ihn am Vorabend etwas vorzubereiten. Jeden Tag beginnt ein neues Leben, jeden Tag haben wir das Glück, mit frischen Gedanken, mit geläuterten Gefühlen und gestärktem Willen in die Welt hinauszugehen. Das bedingt jedoch, daß uns der Schlaf erquickt und die dazu nötigen Kräfte gibt. Nicht nur das Essen stärkt uns, sondern ebensosehr der gesunde Schlaf. Der Schlafrhythmus ist etwas sehr Persönliches. Es gibt Abend- und es gibt Morgenmenschen, es gibt Menschen, die einen Mittagsschlaf brauchen, und andere, die ihn nicht nötig haben. Einige müssen in der Nacht aufstehen, um einer schöpferischen Tätigkeit nachzugehen, andere, um Gedanken und Probleme zu verarbeiten. Wichtig ist es, den ganz persönlichen Rhythmus überhaupt erst herauszufinden, denn das ist das A und O einer gesunden Lebensführung. Weil das Immungeschehen ein Ablauf im Ätherleib (auch Zeitleib genannt) ist, welcher nachtsüber erneuert wird, ist richtiger Schlaf die wichtigste Maßnahme zur Stärkung des Immunsystems. Die Schlaf- und Wachrhythmen sind so individuell wie die Sternenkonstellationen zur Geburtsstunde. In Schwächesituationen muß dieser individuelle Rhythmus wieder aufgesucht und das Leben danach eingerichtet werden, sonst heilen auch die besten Mittel kaum. Es ist wichtig, daß wir uns im richtigen Moment hinlegen und den Moment des

Aufstehens nicht verpassen. Um sich aber wohlig dem Schlaf hingeben zu können, ist es gut, den vergangenen Tag in Frieden zu beschließen. Der Vortag bestimmt die Träume und die Traumsphären, die nachts mit der Seele durchwandert werden können. Es gibt Nächte, in denen wir an den Tagesereignissen hängenbleiben, und solche, die unsere Probleme lösen. Eigenartigerweise erleben wir nach solchen Glücksnächten eine positive Veränderung am Körper: Wir sind das Problem los, und der Körper ist gesund. In der Morgendämmerung habe ich schon oftmals beobachtet, wie während kurzer Momente Gedanken mich aufhellen, die es jedoch noch im Halbschlaf zu ertappen gilt. Sie haben sicher auch schon erfahren, daß Träume sofort erhascht werden müssen, damit sie im auftauchenden Tagesbewußtsein nicht untergehen. In solchen Momenten wird klar: Ich träume nicht meine Gedanken, sondern im Traum kommen geniale Gedanken zu mir. Genius ist aber der andere Name für den Schutzengel, der mir das Geniale schenkt. Nicht wir sind genial, das wäre eine Verwechslung, sondern unser Engel. Aber was können Sie dazu beitragen, um von Ihrem Genius beschenkt zu werden? Kinder sind in der Zeit vor ihrem Geburtstag ganz von selbst artig, weil sie wissen, daß sie bald beschenkt werden. Wir können jeden Tag zum Geburtstag machen, wenn wir uns ganz tief innerlich entscheiden, die Gedanken so zu denken, daß ihr Inhalt Liebe ist. Das ist der Schlüssel, um in der folgenden Nacht mit unserem Schutzengel in Kontakt treten zu können. Sie schenken der Welt Liebe, er schenkt Ihnen die guten Gedanken. Die Übergabe dieser Botschaft findet dort statt, wo Gedanken sich treffen, wo Bilder oder Imaginationen aufleuchten: um das Gehirn herum. Solche Treffen erneuern nicht nur die Gedankenwelt, sondern auch das Gehirn. Dort kann sich der Engel bis ins Physische hinein abdrücken, er kann bis ins

Gehirn hinein seine Spuren hinterlassen. Das ist die Art, wie wir unser Gehirn erneuern können.

Es gibt aber auch Nächte, in denen wir uns träumend unter einem fremden Volk befinden. Wir können die Sprache eines fernen Landes verstehen, ja sogar sprechen, ohne daß wir je dort gewesen sind. Haben Sie auch schon Derartiges geträumt? Was müssen wir tun, um während der Nacht mit anderen Völkern in Kontakt treten zu können, um uns über das lokal Gegebene emporzuheben zu Menschen anderer Kulturen und zu Volksgeistern? Wenn es uns gelingt, das in der Brust als Atem Lebende so zu Sprache werden zu lassen, daß der atemerwärmende Impuls sich tagsüber zu liebevollen Worten und Lauten gestaltet, ist uns nachts dann die Möglichkeit gegeben, mit den Erzengeln, zu denen auch die Volksgeister gehören, zu kommunizieren und von ihnen inspiriert zu werden. Gleichsam als Negativabdruck zu diesen Begegnungen beginnen sich die Atemorgane im Physischen zu verändern. Dadurch ist uns eine Möglichkeit gegeben, die Atemorgane gesundzuerhalten.

Was ist eine Persönlichkeit, ein echter Individualist? Es ist ein Mensch, der nichts tut, was ein anderer auch tun kann. Er nimmt mit seiner Arbeit keinem anderen etwas weg. Das ist aber genau dann kein Problem mehr, wenn wir unsere Arbeit und unser Tun mit der Seele so durchtränken, daß mit ihr auch unsere ganz individuelle Liebe in die Welt hinausströmt. Liebesarbeit ist immer einzigartig und geht nicht aus. Gelingt es uns, die Handlungen, das körperliche Tun tagsüber mit dem Gefühl von Liebe zu der Welt und den Menschen zu verrichten, dann sind wir abends müde und finden einen gesunden Schlaf. Aus diesem tiefen Schlafzustand Träume heraufzuholen ist schwierig. Wenn es aber gelingt, können es Träume sein, die bis in andere Zeiträume, in frühere Zeitalter hineinreichen. Das Hineinblicken in frühere Zeiträume ermöglicht Intuitionen zur Veränderung der Zukunft. Solche Intuitionen sind Geschenke der Zeitgeister, die auch Archai oder Geister der Persönlichkeit genannt werden. Diese ermöglichen es, daß wir uns als individuelle Wesen über verschiedene Zeiträume hinweg als dieselben, als unvergänglich erleben. Nach einer solchen Nacht, die bewußt oder auch unbewußt durchlebt wurde, erwachen wir morgens mit erneuerten Gliedern, gestärkt für neue Liebestaten.

Das sind Hinweise, wie sich Gehirn, Atemorgane, Glieder und Stoffwechsel erneuern und gesunden lassen. Damit sind auch Anleitungen gegeben, wie zu den Sphären der Engel, Erzengel und Archai Zugang zu finden ist. Jedem Menschen ist es also möglich, im Alltag Geschichtsforscher, Völkerkundler und Neugestalter der Erde zu werden.

In diesem Kapitel habe ich versucht, die guten organaufbauenden Taten zu beschreiben. Damit diese voll zur Geltung kommen können, ist es jedoch auch nötig, das Bewußtsein auf das zu lenken, was organisch durch Lügen bewirkt wird. Das soll der Inhalt des nächsten Kapitels sein.

Was Lügen bewirken

Das Glücksgefühl in der Brust ist Ausdruck davon, daß ich mich selbst gefunden habe. Das Herz frohlockt, weil es ganz vom Geist bewohnt ist. Das Herz will zerspringen vor Liebesgefühlen. Die Herzaura nimmt den ganzen Brustraum ein und strahlt weit über den physischen Körper hinaus. Kraftvoll pulsiert der Träger unseres Ichs, das Blut, durch die Glieder, unterstützt vom Atem, der mit jedem Zug voll aus dem Kosmos schöpfen kann. Die Gedanken sind auch tagsüber in Liebe mit unserem Schutzengel verbunden, im Bewußtsein, daß ohne seine Führung der Mensch wie blind im Leben umhertappen würde. Die Atemzüge verbinden uns fortwährend mit den Menschen aller Kulturen, atmen wir doch alle die gleiche Luft. Beladen wir sie mit Liebe, so tragen wir viel zum sozialen Wohlergehen aller bei. Die Luft ist das soziale Element, der Luft gegenüber sind wir alle gleich, wir atmen über sie den anderen Menschen mit ein. Unsere Taten verknüpfen uns mit der Zukunft, verändern die Vergangenheit und sind geleitet von besonders hohen Wesenheiten, den Archai, von denen uns gewaltige ursprüngliche Kräfte zuströmen, wenn Gutes zu tun unsere Absicht ist. Was aber heißt Gutes tun? Das bedeutet sicherlich, dahin zu arbeiten, daß es vielen Menschen möglich wird, innerlich und äußerlich frei zu werden. Als erstes sollen die Gedanken frei sein! Denn nur befreite Gedanken können Liebe in die Welt setzen.

62

Setzen wir durch Lügen einem gegebenen Sachverhalt etwas entgegen, das nicht wahr ist, so schnüren wir uns vom Kosmos ab, bis die Unwahrheit aufgedeckt ist. Unser Denken, unser Fühlen und Tun sind die Nahrung der geistigen Wesenheiten, von denen die Rede war. Sind wir unwahrhaftig, verlogen, können sie sich nicht mehr ernähren. Die Verbindung zu ihnen reißt ab. Die Dinge sind, wie sie sind. Durch Lügen kommt etwas Falsches, Unechtes hinzu. Trifft das zusammen, gibt es eine Explosion im Geistigen. Lügen ist ein geistiger Mord. So wie ein physischer Mord den Geist von der Erde abschnürt, schnüren Lügen das Geistige vom Kosmos ab. Das bedeutet, daß astrale Wesenheiten nicht mehr in die astrale Sternenwelt zurückfinden, vielmehr an die Menschen, die lügen und belogen werden, gefesselt bleiben und so als Fremdgeistiges in deren Organen parasitieren. So wie Fremdkörper an sich Einfluß auf das Immungeschehen haben, stören auch diese geistigen Fremdkörper die Eigenrhythmen und können zu Immunschwächen führen. Nicht zu verarbeitende Lügen können eine Dauerschwächung sowohl des Verursachenden wie auch des Betroffenen bewirken, wenn es nicht gelingt, die Liebe über die Lüge zu stellen. Viele Lügen werden von Menschen unbewußt mit sich getragen und wirken auch im Unbewußten. Stirbt jemand, ohne seine Lügen auflösen zu können, bleibt auf der Erde das zurück, was man Phantome nennt. Phantome sind die an die Erde gefesselten, waltenden Lügen. Es empfiehlt sich daher, Unwahrheiten möglichst schnell richtigzustellen. Die Kraft des Vergebens hilft immer wieder, die Verbindung zu den Engeln neu herzustellen, so daß sie wieder in unser Denken, Fühlen und Tun hineinwirken können. Glücksgefühle sind Zeichen dieser Verbundenheit. Damit kommen wir dem Erdenziel näher: die Liebe nicht nur im Himmel, sondern auch hier unten zu verwirklichen.

Der geistige Bau der Erde

In jedem Augenblick, in dem wir denken, fühlen und tun, arbeiten wir mit am großen Gebäude der Erde. Soll diese gut werden, müssen Lügen aufgedeckt werden, damit die Gesinnung der Liebe bis in die Erdschichten hinein wirken kann. Der menschliche Wille wirkt auf die Erde. Die Zusammenhänge sind des öftern derart komplex, gerade wenn man zum Beispiel in Sachen Gerechtigkeit karmische Zusammenhänge miteinbezieht, daß wir uns hüten müssen, die eigene Ansicht als die kosmische Ordnung selbst, als die gerechte Wahrheit anzusehen. Liebe ist das Kriterium für den guten Willen, welcher die Kraft besitzt, Zurückgebliebenes, in den Erdschichten Gefesseltes zu befreien. Um dies einsehen zu können, ist es sehr nützlich, den geistigen Bau der Erde mit ihren Schichten kennenzulernen. Rudolf Steiner legt uns dar, wie wir uns die Erde, auf der wir leben, aus neun Schichten aufgebaut vorstellen können. Schichten, die nicht – wie bei der Zwiebel – übereinander liegen, sondern ineinander übergehen und deren Kräfte bis an die Erdoberfläche dringen. Was heute geologisch und geophysikalisch über das Erdinnere ausgesagt wird, ist rein physischer Natur und verrät nichts über die geistigen Kräfte, die den verschiedenen Erdschichten innewohnen. Insbesondere wurde die Erkenntnis der Zusammenhänge zwischen dem, was der Mensch tut, denkt und fühlt, und dem, was im Erdinnern an Strömungen und Bewegungen abläuft, noch nicht erkannt. Nur die entgegengesetzte Betrachtungsweise ist in den Zeitungen vertreten: wie sich Erdbeben und Naturkatastrophen auf das Schicksal, auf das Denken, Fühlen und Handeln der Betroffenen auswirken. Ich selbst erinnere mich genau, wie die Erde im Hindukusch in Afghanistan bebte und wie mir damals zumute war: Sofort wurde mir klar, wie vergänglich alles ist. Alles, woran ich mich halten wollte, verlor selbst den Halt. Schlagartig kommt einem die Idee, nur noch ein guter Mensch sein zu wollen. Bei Erdbeben bricht aus dem Innersten des Menschen das Geistige hervor, das einzige, was noch Zuflucht gewährt. Damals habe ich begriffen: Wer ein sicheres Haus bauen will, muß es auf geistige Grundfesten stellen und nicht auf materielle.

Naturkatastrophen sind die großen Wegweiser des Menschen zum Geistigen hin. Aber um weiter zu verstehen, wie Erdbeben und Vulkanausbrüche mit dem Menschen zusammenhängen, muß erst ein lebendiges Bild von den Schichten der Erde entworfen werden.

Bohren wir ein Loch in ein Ei. Plötzlich bricht das Bohrgerät durch, und wir stoßen auf das Eiweiß. Diese Substanz ist überhaupt nicht vergleichbar mit der mineralisch toten Schale des Eis. Im Innern finden wir eine völlig andere Welt als in der Eischale. So ist es auch Ausdruck von totem materialistischem Denken, wenn sich Wissenschaftler die inneren Schichten der Erde als geschmolzenes Gestein oder Metall vorstellen. Versuchen wir doch lebendig zu denken: So, wie jeder Knochen Fleisch und Blut um sich haben muß, um überhaupt entstehen zu können, wie jede Austernschale nur entstehen kann, wenn sie erst durch die lebende kalkfreie Austernlarve gebildet wird, kann kein Stein auf der Erde wachsen, ohne ein lebendigeres Wesen um sich zu haben. Alle kalkigen Gebirge sind aus Tierischem entstanden. Im Kalk finden sich denn auch die Versteinerungen der kalkbildenden Organismen. Alles kieselige Gestein ist ursprünglich aus Pflanzenartig-Lebendigem geworden. Ohne Lebendigkeit in den Erdschichten gibt es keine Urgesteinsbildung! In den Alpen und in vielen anderen Gebirgen ist ein Ursprünglich-Lebendiges aus den Tiefen aufgestoßen und hat die vom Tierreich abgelagerten Kalkschichten durchbrochen und überlagert. Im Tier steckt eine Kraft, die Lebendiges abtöten und so Kalk, Schale und Knochen bilden kann. Aus einer tiefen lebendigen Erdschicht wuchert kieseldurchdrungenes Pflanzliches, das durch eine abtötende Kraft allmählich zum Urgestein erstarrt.

Betrachten wir nochmals das Ei: Der Kalk der Eierschale wurde vom Huhn abgeschieden. Die darunterliegende kieselige Haut entsteht aus den Lebenskräften des lebendigen Eiklars. Bei Schalendefekten bricht das Weiche des Eis hervor, mineralisiert und grenzt so das Ei ab. Eier und Alpen – gibt es da nicht Analogien in der Entstehung?

Es ist überaus spannend zu vernehmen, wie der Geistesforscher Rudolf Steiner die Schichten der Erde sieht. Ich zähle sie in seiner Reihenfolge auf, versuche sie aber in Anlehnung an seine Texte selbst zu schildern.

Erste Schicht: Ganz außen liegen die festen Kontinente, die erstarrten Gesteine. Die Schicht heißt «Mineralische Erde».
Zweite Schicht: Unter dieser ersten Kruste folgt eine zweite, die völlig anders geartet ist: Die flüssige Substanz dieser Schicht hat die Eigenschaft, alles Lebendige, mit dem sie in Berührung kommt, sofort hinauszutreiben. Sie heißt «Flüssig-Erde».
Dadurch erst kann das Lebendige, das aus den tiefen Schichten an die Erdoberfläche strömt, abgetötet werden und zu den Gebirgsmassiven erstarren.

Dritte Schicht: Diese besteht aus einer Empfindungen vernichtenden oder ins Gegenteil verwandelnden Substanz. Schmerz wird zu Lust, Lust zu Schmerz. Dieser gasige Bereich heißt «Luft-Erde».

Vierte Schicht: Sie ist eine flüssige, die Formen ins Gegenteil verkehrende und Negativbilder erzeugende Substanz. Ein kubischer Kristall wird zum würfligen Hohlraum, Raum zum Gegenraum. Ihr Name ist «Form-Erde».

Fünfte Schicht: Diese von Wachstumskräften strotzende Substanz ist bereit, Lebenskräfte in die Formschicht hineinfließen zu lassen und sie zum Wachstum zu bringen. Kristallwachstum und Urgesteinsbildung gehen nach meiner Meinung von dieser Schicht aus. Die fünfte Zone heißt «Frucht-Erde».

Sechste Schicht: Sie empfindet als Substanz Schmerz und ist mit Willen begabt. Würde man sie treten, empfände sie Schmerzen und würde sie sich bewegen. Ihr Name lautet «Feuer-Erde».

Siebente Schicht: Dieser Bereich besteht aus einer Substanz, die Gedankliches ins Gegensätzliche wandelt. Die auf sie konzentrierten Gedanken verkehren sich in ihr Gegenteil: Aus Rot wird Grün usw. Sie heißt der «Erdenspiegel».

Achte Schicht: Es handelt sich hierbei um eine Substanz, die Moralisches zu zersplittern vermag und das Gegenteil von Harmonie bewirkt. Dante hat sie als Kains Schlucht beschrieben. Sie führt zum Brüderstreit. Im Mineralreich bewirkt sie, daß Gesteine zerbröckeln. Erosion, Steinschlag und Bergsturz geschehen unter ihrem Einfluß. Disharmonie und Streit vervielfältigen sich unter dem Einfluß ihrer Strahlung. Diese Tiefe heißt der «Zersplitterer».

Neunte Schicht: Diese innerste Schicht ist eine Substanz mit magischen Eigenschaften. Das bedeutet, daß sie rein geistig in Bewegung versetzt werden kann. In ihr sind weit zurückgebliebene Wesenheiten gefesselt. Von ihr strahlt vorläufig noch alles Geistig-Böse aus. Diese Schicht wird sich ins Gegenteil verwandeln, wenn die Menschen der Liebe mehr Kraft geben werden. Im Wort Magma spiegelt sich ihre magische Eigenschaft. Die geistige Tätigkeit des Menschen wirkt auf diese Substanz umgestaltend. Die innerste Schicht wird als der «Erdkern» bezeichnet.

Ich möchte nun ein Stück Magma auf dem Weg zur Erdoberfläche hin betrachten: Die magische Substanz vervielfältigt sich in der achten Schicht, verwandelt sich ins polare Gegenteil in der siebenten, wird in der sechsten durchdrungen von feuriger Leidenschaft und Eruptionskraft, verbindet sich in der fünften Schicht mit Wachstums- und Lebenskräften, stülpt sich in der vierten vom Gegenraum in die Kristallformen, die zu wachsen beginnen. In der dritten Schicht wird alles, was Empfindung ist, vernichtet oder ins Gegenteil verwandelt, in der zweiten werden noch die Lebenskräfte hinausgetrieben. Was jetzt auf unserem fiktiven Gang vom Erdinnern zur Erdoberfläche hin entstanden ist, ist ein Stein der Erdkruste.

Was heute als Gebirge dasteht, war einst lebendig, ja sogar empfindend. Als lebendige Substanz war es schwerelos. Als willensträchtige Substanz konnte es sich in geistige Formen hineingießen, als magische Substanz konnte es vom Erdgeist, vom Geistigen der Erde direkt ergriffen und bewegt werden. Dabei hat immer der Menschengeist, der älter als unsere Erde ist, die Geologie mitbewegt. Erdbeben und Vulkanausbrüche können dadurch bewirkt werden, daß inkarnierende Seelen ihren astralen Willen in die physische Welt hineinarbeiten, die Kräfte der Feuerschicht entfesseln und so die Erde zur Erschütterung bringen.

Im nächsten Kapitel betrachten wir die Auswirkungen der neun Erdschichten auf den Menschen. Wenn er über Erdstrahlung oder über das Denken in den Einflußbereich einer dieser Schichten gerät, was geschieht dann mit ihm, und wie wirkt sich diese Begegnung auf die Gesundheit und das weitere Leben aus?

69

Erdstrahlungen und Heilquellen

Stellen wir uns ganz lebhaft vor, wie wir auf der festen mineralischen Erde umherspazieren. Wir schauen uns den Boden an und fragen uns, was wohl darunter ist. Vielleicht gibt es bei Ihnen eine Heilquelle, die aus großen Tiefen Wasser, das «reif» geworden ist, an die Oberfläche trägt. Warum heilt dieses Wasser, was sind seine Kräfte? Warum gibt es Quellen mit der Eigenschaft, rheumatische Schmerzen zu lindern? Mit welchen Schichten kommen warme Quellen in Berührung, was bewirken sie? Es gibt solche, die bestimmte Mineralien aus der Erde herausgelöst haben und mit diesen auftauchen. Woher kommen sie, welche Kräfte vemitteln sie dem Menschen?

Viele haben schon in Geschichten gehört, wie verschiedene Leute, die ihr Bett am gleichen ungünstigen Ort aufgestellt haben, von einer ähnlichen Krankheit heimgesucht wurden. Etwa von Krebsleiden, die genau an demselben Fleck im Haus entstanden sind. Oder kennen Sie das Phänomen, daß der Schlaf sich an bestimmten Orten kaum finden läßt, daß wir von Gedanken geplagt werden, die wir gar nicht haben möchten? Umgekehrt gibt es in einer Wohnung Winkel und Ecken, wo wir uns mit Vorliebe aufhalten, wo der Schlaf erquickend und regenerierend ist. Unser Körper kann sich dort entspannen, der arme Kopf wird von peinigenden Gedanken erlöst, und in kürzester Zeit schält sich ein lebensfreudiger, liebenswürdiger Mensch aus uns heraus – wie durch ein Wunder!

Versuchen wir diesen Kräften auf den Grund zu gehen und betrachten wir nochmals die verschiedenen Erdschichten. Der Mensch steht zu ihnen in dauernder Beziehung, sie strahlen ihre Kraft aus, und der Mensch muß fortwährend diese Kräfte überwinden. Hier stoßen wir auch gleich auf das Geheimnis, warum die Erde aus Schichten aufgebaut ist, in denen zurückgebliebene Wesenheiten wirken, deren «Anständigkeit» zu wünschen übrig lässt! Gerade dadurch, daß wir sie überwinden, lernen wir die Kräfte entwickeln, die uns frei machen, uns zum Guten führen. Die Erde ist so aufgebaut, damit die Kraft der Liebe im Menschen stark werden kann. Die Liebe soll sich in alle Erdschichten hineinarbeiten und die ganze Erde umgestalten. So wie uns heute aus jedem Winkel der Natur Weisheit entgegenströmt, wird unserer Seele auf diesem Weg zusätzlich noch mehr Liebe von außen entgegenkommen. Gehen wir an die Sonne und lassen wir uns durchwirken von ihrer Essenz, dann fühlen wir, was damit gemeint ist: Von jedem Stein, von jeder Blume und jedem Wesen wird unser Herz Liebe empfangen. Damit habe ich das Universalmittel gegen den Einfluß von Wasseradern und schädlichen Erdstrahlen schon genannt. Es ist eine Kommunikation von Liebe zu der entsprechenden Erdschicht. Die böse Wasserader schreit eigentlich danach, daß wir in die Tiefen der Erde Liebe versenken und so mithelfen, diese Schichten umzuwandeln – versuchen Sie es, das wirkt! Altäre wurden zu alten Zeiten auf Kreuzungen von Erdstrahlen gesetzt. Die alten Eingeweihten kannten diesen Aufbau der Erde. Warum den Altar gerade auf solche Erdpunkte stellen? Warum den Priester diesen bösen Kräften aussetzen? Weil es im Leben nicht darum geht, ungeschoren davonzukommen, sondern während des Kultes die gelebte Liebe über den Priester ins Erdinnere fließen zu lassen, um sich in diese Schichten der feurigen Leidenschaften und bösen Gedanken hineinzuarbeiten. Der Mensch hat eine Aufgabe: Die Erde soll umgewandelt werden, nicht durch Bagger und Nützlichkeitsindustrie, sondern durch den viel tiefer hinunterreichenden geistigen Bagger der Liebe.

Betrachten wir aber jetzt als erstes die neun Erdschichten mit ihren Wirkungen auf das unbewußte Stoffwechselleben des Menschen: Was hat die «Mineralische Erde» für einen Einfluß auf Krankheit und Gesundheit? Granit, Kalk und Geröll sind grob gesehen der Boden, auf dem wir leben.

GRANIT trägt noch pflanzliche vegetative Kräfte in sich. Er ist wie die Pflanze von Kiesel durchzogen. Der Bergkristall ist reiner Kiesel, er ist durchlässig für das Sonnenlicht, für alles, was fein und geistig ist. Ein klarer Bergkristall ist selbstlos, begierdefrei. Granit ist aufgebaut aus Feldspat, der alle Farben der Blütenwelt annehmen kann, aus Glimmerplättchen, die magnesiumhaltig sind wie das Chlorophyll der Pflanzenblätter, und aus Quarz, wie die Stacheln der Disteln. Granit ist Erstarrtes aus ehemals von pflanzlichen Kräften durchzogener Substanz. Das Leben auf Granit ist eine Wohltat. Es fällt hier leicht, einfache Begierde und Ichbezogenheit fallenzulassen und selbstlos zu werden. Asthmatiker werden auf Granit von ihren Krämpfen befreit. Das Bewußtsein wird heller, klarer, lichter, besonders in den hochalpinen Granitbergen. Der Mensch wird bewußter, der Schlaf leichter, wenn er auch noch die im Granit schlummernden vegetativ und damit phlegmatisch, eventuell depressiv wirkenden Kräfte zu überwinden vermag.

KALK ist tierischen Ursprungs. Das Tier ist ganz dem Trieb und dem Instinkt ausgeliefert. Kalkuntergrund führt zu Aktivität, Getriebenheit und ist das Trainingsfeld des Menschen, Selbstlosigkeit und Gelassenheit auch im Bereich dieser Erdstrahlung zu finden. Hält er es nicht mehr aus, kann es hilfreich sein, die Erholung auf granitenem Untergrund zu suchen. Zur Anregung, fleißig und geschäftig seiner Arbeit nachzugehen, ist der Kalk indes sehr geeignet.

GERÖLL als Untergrund kann vor allem für die Lungen zur Belastung werden. Dem Geröll und Geschiebe wohnen die Kräfte der Erosion inne. Abbau, Zersplitterung sind die Kräfte aus der tiefen Erdschicht des Zersplitterers. Es kann schwierig sein, in Frieden darauf zu leben. Wenn sich die Ablagerungen aber wieder zu einem kompakten Gestein zusammengefügt haben wie in Nagelfluh oder Sandstein, dann ist das ein Zeichen dafür, daß sie von einer verbindenden, vereinigenden Kraft ergriffen worden sind. Auf solchen Untergründen läßt sich daher auch gut wohnen. Auf Quarzsandstein kommen granitene Wesenszüge zur Geltung, auf kalkigem, mergeligem Untergrund diejenigen des Kalks. Ton nimmt eine verbindende Zwischenstellung ein. Granit weist das Wasser ab und läßt Licht durch. Kalk saugt das Wasser auf und schirmt das Licht ab, er wirkt aussaugend, Granit strahlt und wirkt erlösend. Ton kann sowohl Wasser aufnehmen als auch abweisen: Auch darin ist er ein Wesen der Mitte.

Wie steht es mit dem Wasser, das Sie trinken? Das Wasser auf granitenem Untergrund ist ganz weich. Es ist gut für Asthmatiker und Leute, die zu Krämpfen oder Affekten neigen. Hartes, stark kalkiges Wasser fordert heraus und kann Aktivität und Bewegung bewirken.

Neben dem normalen Oberflächen- und Grundwasser gibt es die Quellwasser aus tieferen Erdschichten. Deren Heilkräfte erlauben uns, etwas über das Erdinnere und die beschriebenen, nicht scharf voneinander getrennten Schichten zu erfahren. Es gibt Quellen, die wie ein Jungbrunnen wirken. Eine Trinkkur schenkt Jugendlichkeit. Ungeahnte Lebenskräfte treten neu hervor, werden mobilisiert. Es sind Wasser, die im Kontakt zur zweiten Erdschicht, der «Flüssig-Erde», noch etwas von deren Kräften mit hinauf an die Erdoberfläche tragen. Sie haben besonderen Einfluß auf den Ätherleib, weil er durch diese lebenaustreibende Kraft zu starker Eigentätigkeit angeregt wird. Wasser ist an und für sich metallischer Natur. Entscheidend ist es für die Heilwirkung, was für unsichtbare Lebens- und Stellenkräfte das Quellwasser in sich trägt. Quellen können auch gashaltig sein oder, anders gesagt, etwas mit hinauf an die Erdoberfläche tragen, das aus der Schicht der «Luft-Erde» stammt. Diese Schicht hat die Kraft, Empfindungen ins Gegenteil zu verwandeln. Aus Schmerz wird Wohlsein. Vom Schmerz geplagte Rheumatiker finden diese Erlösung in gashaltigen Vulkanquellen, in Wassern mit leichtflüchtigen Schwefel- und anderen Dämpfen. Daß in den Bergen Luft sein kann, ist von austretenden Gasen in Kohlengruben bekannt. Es gibt Vulkane, die Bimssteine ausschleudern. Steine, die schwimmen, weil sie feinporös sind und Luft enthalten. Die schmerzbefreiende Wirkung der «Luft-Erde» ist in gashaltigen Bädern erlebbar. All die Erdgase wirken narkotisierend, empfindungsvernichtend und schmerzverwandelnd.

Andere Quellen haben in sich viele Mineralien gelöst. Zum Beispiel Salz aus den Tiefen der Salzsteinlager. Kristallformen wurden dort aufgelöst und in Hohlräume verwandelt. Die Kräfte dieser «formenauflösenden Erde» können auch in Quellwassern zur Wirkung kommen. Erdstrahlung aus den Tiefen dieser Formerde vermag Verkalkungen und Verknöcherungen aufzulösen.

Wenn Quellen aus der «Frucht-Erde» stammen, der Erdschicht mit den ungeheuren Wachstumskräften, ist das gar nicht gut für Leute, die zu Krebswucherungen neigen, wohl aber geeignet zur Wundheilung nach Operationen und zur

Anregung des Organwachstums. Daher aufgepaßt mit Badekuren bei Krebskranken. Es sind wohl auch die Erdstrahlen aus dieser Schicht, die Krebsleiden fördern, wenn sie im Schlaf ungehindert auf den Menschen einwirken können. Besser gegen sie gefeit ist, wer im Schlaf nicht einfach wie bewußtlos daliegt, sondern sich eher in kurzen Entspannungsrhythmen erholt und sich insgesamt auch ein wacheres Bewußtsein erarbeitet hat.

Es gibt warme Quellen, deren Wasser mit der «Feuer-Erde» zusammenkommen. Wohlig wärmende Kraft wird durch sie hinaufgetragen. Aber auch Triebe können durch sie entfesselt werden, die man an sich selbst nicht für möglich gehalten hätte. – Die Kräfte der Erdschichten lullen im Bade den Menschen ein.

Erdstrahlen aus der Schicht des «Erdenspiegels», der Gedankliches ins Gegenteil verkehrt, rufen den Widerspruchsgeist hervor. Der Reiz, das Gegenteil zu tun, den gegenteiligen Gedanken hochzuhalten, kann bei Menschen auftreten, die sich eben dieser Erdkraft zuwenden. Sie ist ein wichtiger Impuls, der uns in der Menschenentwicklung die Mitte finden läßt und davor behütet, uns von einseitigen Strömungen mitreißen zu lassen. Daß solches Denken geographisch und geologisch mitbedingt ist, dürfte für viele neu sein. Der Ort, wo sich eine Seele inkarniert, wo sie sich hingezogen fühlt, hängt auch von den geologischen Verhältnissen ab.

Erdstrahlen aus der Schicht des moralischen «Zersplitterers», aus der Kainsschlucht, sind am Schwester-, Bruder- und Erbstreit immer mitbeteiligt. Beobachten Sie genau den Ort, wo es zum Streit gekommen ist, und wählen Sie diesen nicht unbedacht für ein weiteres Gespräch aus, das Frieden bringen soll. Aber wenn Sie stark genug sind und Frieden in diese Schicht hineinarbeiten, dann erlösen Sie gerade an dieser Stelle durch liebeverbreitende Stimmung die Erde, und die Kräfte dieser Schicht werden anderen nicht mehr Leid zufügen. Ich habe bis anhin immer auch versucht, die Kräfte in all den Erdschichten von ihrer positiven Wirkung her zu sehen, obschon sie zum Teil so stark sind, daß wir ihnen beim heutigen Stand der Seelenentwicklung noch kaum gewachsen sind und sie uns krankmachen.

Der Sinn dieser Schicht ist eine sippschaftauflösende, individualisierende und genüberwindende Kraftströmung. Sie wirkt befreiend von den Familienbanden. Bis ins tiefste Erdinnere vermag der Christus einzudringen. Dieses reine geistige Sonnenlicht ist das geologisch wirksamste, was es gibt!

Es sind dies Überlegungen, die ich mir auf Grund des Buchs von Rudolf Steiner *Vor dem Tore der Theosophie* gemacht habe. Sich der Kräfte, die von den Erschichten auf den Menschen einstrahlen, bewußt zu werden, ist das eine; das andere ist zu helfen, sie allmählich zum Guten zu verwandeln und den Menschen, der durch sie krank wird, zu erlösen. Auch wenn die Krankheiten über Wasseradern und Erdstrahlungen von außen zu kommen scheinen, ist mit diesen Gedankengängen doch angedeutet, wie sie mit der Seele des einzelnen Individuums zusammenhängen und wie man sich davor schützen kann.

Erdstrahlungen und Krebskrankheit

Je länger ich über Krebsgeschehen und Erdstrahlungen nachgedacht habe, um so mehr ist mir eine Parallelität dieser beiden Erscheinungen aufgefallen, was mich dazu veranlaßt hat, im Krebsgeschehen ebenfalls neun Stadien zu unterscheiden:

Das erste Stadium besteht in einer Verhärtungs- und Mineralisierungstendenz der Gewebe unter zu starkem Einfluß der ersten Schicht.
Im zweiten Stadium stellen wir eine verminderte Lebendigkeit der Gewebe fest, dies unter dem Einfluß der lebenaustreibenden Strahlung der zweiten Erdschicht.
Im dritten Stadium tritt ein Sensibilitätsverlust auf. Das Gewebe ist unempfindlich – entseelt. Die empfindungaustreibende Strahlung der dritten Erdschicht hat es in Beschlag genommen.
Im vierten Stadium beginnen sich Organformen zu verändern. Die formauflösenden Kräfte der vierten Erdschicht können somit vom Organismus nicht mehr überwunden werden.
Im fünften Stadium setzt ein Wucherungsprozeß als Folge der Einstrahlungen aus der «Frucht-Erde» genannten fünften Erdschicht ein.
Im sechsten Stadium kommen Entzündungsprozesse unter dem Einfluß der «Feuer-Erde» hinzu.

Im siebenten Stadium kehrt sich alles um, das Krebsgeschehen behindert sich selbst durch die genannten Prozesse, so daß Nekrosen (Absterben von Gewebeteilen) auftreten.
Im achten Stadium trennen sich Zellen ab. Unter dem Einfluß des Zersplitterers entstehen Metastasen.
Im neunten Stadium zerstört das Krebsgeschehen den Organismus, auf dem es wächst, und damit sich selbst.

Versuchen wir nun, seelisch nachzuvollziehen, wie diese Abwehrlosigkeit gegenüber den Erdstrahlungen entstehen kann: Um mit einer Gegebenheit, die unbewußt oder bewußt schlecht ertragen wird, leben zu können, ist eine gewisse Verhärtung kaum zu umgehen. Es läßt sich auch verstehen, wenn unbewußt oder bewußt diesem Schlechterträglichen keine belebenden Kräfte zugesandt werden. Bei der inneren Tendenz, es gar nicht zu empfinden, läßt es sich noch besser ertragen, ebenfalls durch das In-die-Außenwelt-Projizieren. Diese sehr verständlichen Grundtendenzen bieten aber den zurückgebliebenen Wesenheiten der weiteren Erdschichten die ideale Voraussetzung, ihren Einfluß auf den Menschen voll zu entfalten. So können anfänglich sinnvolle seelische Reaktionen, wenn sie nicht zur richtigen Zeit erkannt und wieder aufgelöst werden, zu einer durch Erdstrahlung bedingten Immunschwächung führen. Darum ist es gut, immer wieder Gewohnheiten und seelische Reaktionsformen zu überprüfen. Wir sind aber darin auf Freunde und Therapeuten angewiesen, welche die Kunst beherrschen, uns auf die eigenen blinden Flecken aufmerksam zu machen. Das kann auch in Meditationen durch Rückschau auf den Tag geschehen, in denen Selbsterkenntnis geübt wird.

Vielleicht weckt einiges, was im folgenden Kapitel über die psychischen Auswirkungen dieser Erdstrahlungen steht, weiteres Verständnis für diese Prozesse.

Weihnachten in den Tiefen der Erde

Es wird Winter, die Kälte, die Dunkelheit läßt die Menschen zusammenrücken. Das Außenleben in der Natur erlischt. Kräfte und Säfte ziehen sich in die Wurzeln, in die Erde zurück. Der Übergang vom Leben nach außen im Sommer zum verinnerlichten Leben im Winter kann sich schwierig gestalten. Denn wenn sich Unstimmigkeiten näherkommen, beginnen sie sich zu reiben. Unstimmigkeiten im Seelischen machen den Menschen zugänglich für die Kräfte aus der Unterwelt. Im Winter erwachen die tiefen, zurückgebliebenen Kräfte der neun Erdschichten. Die psychiatrischen Kliniken füllen sich, die Familientragödien häufen sich. Von welcher Beschaffenheit die Erdkräfte sind und was für Einflüsse von ihnen ausgehen, haben wir im Bereich des Körperlichen zu verstehen versucht. Nun gilt es zu zeigen, welchen Einfluß sie auf die Seele haben, wie wir uns dagegen wehren und sie für unsere eigene Entwicklung nutzen können.

Eigentlich möchte im Innersten niemand böse sein. Die Kräfte des Bösen sind jedoch unermeßlich groß, man darf sie nie unterschätzen. Und es gibt nur eine Macht, die ihnen gewachsen ist: die bewußte Liebe. Ihr sollten wir jeden Morgen in einer Meditation den bevorstehenden Tag in Gedanken widmen. Dazu gehört, daß wir uns vornehmen, die Liebe über das Rechthaben zu setzen, anderer Leute Denken und Handeln frei zu lassen, anderen gegenüber im Wissen um größere

Zusammenhänge Toleranz zu üben. Denn was von den neun zurückgebliebenen Hierarchien der Unternatur ausgeht, ist das pure Gegenteil dessen, was von den neun erhabenen Hierarchien, von den Engeln bis zu den Thronen, Seraphim und Cherubim, dem Menschen zukommt. In der Seele des Menschen läßt sich der Einfluß der neun Erdschichten genau diagnostizieren: So wie sich die «Mineralische Erde» genannte oberste Schicht im Winter durch Schnee und Eis zusätzlich mineralisiert, können in Gesprächen zwischen zwei bis anhin sich gut vertragenden Menschen plötzlich Verhärtungen beobachtet werden. Das Gespräch mineralisiert sich zusehends, die Standpunkte werden starr und steif und prallen wie Steine aneinander. Die Diagnose ist klar: Die beiden Menschen sind unter den Einfluß der ersten Schicht geraten. Viele Menschen sind aber innerlich schon stark geworden und finden in sich die Kraft, zu sagen: «Bitte erkläre mir doch nochmals, was Du meinst, ich möchte versuchen, es nachzuvollziehen, zu verstehen, Deinen Standpunkt einnehmen zu können, mich von Dir aus betrachten zu lernen, damit ich mich aus eigener Einsicht ändern kann.»

Dadurch entsteht in einem Gespräch ein stiller Moment, eine Sekunde vielleicht, während der sich ein jeder entscheiden kann, den Streit aufzulösen oder aber das Böse eskalieren zu lassen. In der Brust sind zwei Stimmen vernehmbar: Die eine sagt: Nein, das lasse ich mir nicht gefallen; die andere läßt aufatmen und Momente des Friedens entstehen. Entscheidet jemand sich für die erste Variante, so werden gleich beide der Probe der nächsten Erdschicht ausgesetzt. Sie hat die Eigenschaft, das Leben auszutreiben. Der gute Wille zum Gespräch versiegt. Was auch an Ideen entwickelt wird, um den Konflikt zu lösen, wird abgetötet. Das Lebendige im Gespräch wird abgeblockt, Macht wird ausgeübt, um den Partner mundtot zu machen. Das Gespräch kann die Situation jetzt offenbar nicht mehr retten. Viele haben aber bereits die Kraft in sich entwickelt, ungeachtet dessen in wortlosen Liebeshandlungen den guten Willen weiterhin zu zeigen. Eine solche Handlung hat die Kraft, wieder eine Sekunde der freien Entscheidung herbeizuführen, in der sich die beiden Stimmen in der Brust sofort wieder melden: Die eine, die sich das trotzdem nicht gefallen läßt, und die andere, die Frieden will. Wird die Gelegenheit verpaßt, gewinnt die dritte Schicht Einfluß mit der Eigenheit, die Empfindungen des einen für den anderen abzutöten. Jegliches Einfühlen in den anderen wird durch diese empfindungsvernichtende Strahlung unterbunden oder ins Gegenteil verkehrt. Die Sorgen des anderen werden nicht mehr wahrgenommen, das Leiden des anderen nicht mehr nachgefühlt. Selbst, und das ist das Schlimme, spürt sich der Mensch auch nicht mehr.

Was ist zu unternehmen, um den seelischen Automatismus zu vermeiden? Reden und Handeln bewirken offenbar das Gegenteil. Es bleibt nur noch übrig, in Gedanken dem Guten Kraft und Zeit zu geben. In dieser Phase kann sich der Mensch in aller Freiheit dazu entscheiden, das Böse nicht weiter eskalieren zu lassen, oder aber das Gegenteil zu tun. Dann gewinnt die vierte Erdschicht mit der «Formen ins Gegenteil verkehrenden» Eigenschaft. Sie löst Formen auf und läßt ihren Inhalt in die Umgebung ausfließen. Das geht folgendermaßen vor sich: In der eigenen Seele entdeckt der Mensch Unstimmigkeiten; das führt ihn mehr oder weniger bewußt auf die Idee, im anderen danach zu suchen und ihm diese anzulasten. Nur wenn wir selbst fähig sind, Gedanken in diese Richtung zu entwickeln, können wir sie dem anderen unterschieben! Was man heute als Projektionen ansieht, geschieht unter der Einwirkung der «Form-Erde».

Was nun? Wie ist eine solche Ungerechtigkeit zu verkraften? Worte und Taten haben gänzlich versagt, Friedenspausen wurden gezielt zur Kriegsvorbereitung benutzt, und jetzt steht man vor dem Patt, das Spiel ist aus. Das ist der Moment, wo beidseitig der Haß wie ein Krebsgeschwür zu wuchern beginnt. Damit hat die negative Strahlung aus der «Frucht-Erde» aber bereits ihren vollen Einfluß auf den Menschen gewonnen. Wie gelingt es nun, dieser Eskalation des Bösen, dieser Wucherung des Hasses zu entrinnen? Der Gedanke an die Möglichkeit karmischer Zusammenhänge kann mir helfen, mich nicht hineinziehen zu lassen. Denn es ist nicht auszuschließen, daß – in solch großen Zusammenhängen gesehen – nicht Unrecht, sondern Ausgleich geschieht. Es kann aber auch sein, daß ich das durchleben muß im Hinblick auf eine spätere Aufgabe, die nur mit solchen Erfahrungen bewältigt werden kann. Eine heilsame Kraft kann aus diesen Gedanken hervorgehen, die ertragen läßt, ohne zurückzugeben, ohne zu Rechtsmitteln, die vom karmischen Standpunkt aus gesehen immer fragwürdig sind, oder zur Gewalt zu greifen.

Wir wollen jedoch hier weiter verfolgen, was geschieht, wenn sich die Eskalation auch in diesem Stadium nicht aufhalten läßt.

Das Böse gibt noch nicht Ruhe: Es kann sich dem Haß noch Leidenschaft zumischen, die Kraft aus der Unternatur, aus der Schicht der «Feuer-Erde». Auch dieser Schritt des Machtmißbrauchs, der Quälerei und Folter muß erkannt werden. Das ist schwer ohne Racheakt zu bewältigen. Normalerweise setzt hier erbarmungsloser Krieg ein. Aber wieder kann eine Idee mir zum inneren Frieden verhelfen: Der Gedanke, wenn ich mich jetzt weiter mit dem Gegner einlasse, verbinde ich mich karmisch wieder mit dem Feind. Dieses Bewußtsein kann mir Erlösung bringen und mir ermöglichen, in diesem inneren Freiraum trotz allem Gefühle von Liebe zur Menschheit gedeihen zu lassen.

Bis hierhin wurde der andere Mensch noch als Individuum betrachtet, im Krieg jedoch, wenn dem Bösen freier Lauf gelassen wird, beginnt der Mensch plötzlich schematisch und nicht mehr individuell zu denken. Der andere Mensch wird gar nicht mehr wahrgenommen, er wird als Träger einer Geisteshaltung vernichtet. Wenn sich dies ereignet, wissen wir aber, daß es unter voller Einwirkung der Kräfte des Erdenspiegels der Fall ist. Die menschlichen Werte, die Moralvorstellungen werden umgekehrt; dem anderen Schlechtes antun, gibt Pflichterfüllungs-, ja Hochgefühle. Aus dieser Schicht holt der Fanatismus seine Kräfte. Welche Macht hilft mir hier noch heraus? Es ist das Bewußtsein des Gefangenseins in dieser Schicht und die Kraft, das Liebe in allen Wesen suchen zu können.

Gelingt es nicht, dem Bösen Einhalt zu gebieten, kommt der «Zersplitterer» zum Zug, durch dessen Kräfte alles Böse vervielfältigt wird und jegliche menschlichen Bande zerstört werden. Jeder gegen jeden. Typisch dabei ist, daß versucht wird, den Gegner in eine seelische Notsituation zu manövrieren, in der er sich selbst vernichtet. Streitsüchtige Menschen neigen ganz besonders dazu, unter den Einfluß dieser Schicht zu geraten. In dieser Situation hilft nur noch das klare Bewußtsein, daß Liebe verbindet und so die Gegenkraft zum Zersplitterer darstellt.

Jetzt bleibt nur noch eine Steigerung: Wenn der Feind sich nicht selbst vernichtet, vernichte ich mich, um den anderen mit in den Abgrund zu reißen. So werde ich durch die magische Schicht des hier unerlösten Erdkerns ins Verderben gezogen. Das ist die Kraft der letzten, der neunten Schicht. Wir sind im neunten Kreis der Hölle angelangt.

Die Diagnose der neun Erdstrahlungen, am seelischen Verhalten abgelesen, ergibt in der Reihenfolge der Erdschichten:
1. Seelenverhärtung
2. mundtot machen
3. empfindungstot machen
4. die eigenen Fehler den anderen unterstellen
5. Haß eskalieren lassen
6. gemein werden
7. fanatisch werden
8. alles zerstören
9. sich selbst zerstören, um andere zu zerstören.

Lernen wir im Alltag, etwa beim Zeitunglesen, diese Strahlungseinflüsse zurückgebliebener Wesenheiten aus den neun Erdschichten heraus zu erkennen, um uns selbst dazu anzuhalten:
- nicht zu verhärten
- in lebendigem Austausch zu bleiben
- in den Empfindungen zart zu bleiben
- dem anderen nicht Eigenes anzulasten
- allem Haß Einhalt zu gebieten
- nicht raffiniert zu werden
- nicht fanatisch zu werden
- verbindend zu wirken
- von Selbstzerstörung abzusehen.

Ich beschreibe diese Extremsituationen, weil sie uns alltäglich zum mindesten in den Medien begegnen, aber auch damit wir die weniger krassen Neigungen, die wir alle in uns tragen, erkennen lernen. Wer hat nicht schon in Gedanken erwogen, gerade um einem Widersacher bewußt eines auszuwischen, sich selbst Schlechtes anzutun? In subtilsten Äußerungen unserer Seele finden wir all diese Kräfte der Unternatur der Erde, die unaufhörlich auf uns einstrahlen, die immer da sind, um in Momenten der Unachtsamkeit unsere Seele zu kappen.

Wir wollen uns aber fragen: Welche Kraft hilft uns, auf einer solchen noch weitgehend unerlösten Welt weiterzuleben? Es ist der Gedanke, daß die Begegnung mit dem Bösen der entscheidende Punkt für die Bewußtseinsbildung ist; daß das Böse dazu da ist, die Kraft der Liebe bis ins Unendliche zu steigern. Dem Bösen zu begegnen, ist immer eine Prüfung: Ob wir dadurch selbst auch böse werden, womit es sein Ziel, sich zu verdoppeln, erreicht hat, oder ob wir ihm gewachsen sind. Was in dieser Begegnung stärker wird, soll reichen, die tiefste Winternacht bis in die tiefsten Erdschichten zu erleuchten und zu verwandeln. Diese sollen in nicht allzu ferner Zukunft – über den Zeitbegriff machen wir uns später noch Gedanken – selbst zu leuchten beginnen. Ein erstes Leuchten hat mit Weihnachten begonnen. Sonne soll die Erde werden! Die strahlenden Fixsterne am Himmel haben diesen Läuterungsprozeß bereits hinter sich. Sie haben innerlich alle Dunkelheit überwunden. Besondes zur Weihnachtszeit winken und blinken sie wunderschön am Nachthimmel. Beim Betrachten nehmen wir ihre Kraft in uns auf. Die noch junge, aber dank der Christuskraft bereits geborene Sonne, auf der wir leben, und die strahlenden Sterne am Himmel sind das schönste Weihnachtsgeschenk, das wir erahnen, fühlen und sehen können.

Dem Sternenhimmel möchte ich daher in einem weiteren Teil dieses Buchs lebendige Gedanken widmen.

Die heilenden Kräfte der kosmischen Blüten und Schmetterlinge

*

Die großen Zusammenhänge von Mensch und Kosmos

Der Kosmos träumt

Ein phantastisches Gemälde und eine gewaltige Musik könnten vielleicht am besten wiedergeben, was im Sternenhimmel geschrieben steht, was vom Kosmos her denkt, tönt und spricht. Zu erfassen ist er nicht allein durch Fernrohr und Beobachtung mit den Sinnen unseres Körpers, ihm kann nur eine zusätzliche übersinnliche Betrachtung mit entwickelten Geistorganen gerecht werden. Das, was den Menschen am Kosmos interessiert, ist sein eigenes Verhältnis zu ihm. Wie stehen Mensch und Sterne zueinander? Wie bringt der Himmel den Menschen hervor? Und umgekehrt: Wie bringen die Seelen die Sterne zum Leuchten? Sterne sind die Heimat der menschlichen Seelen, und jeder Mensch verbringt seine Mitternachtsstunde zwischen dem Tod und einem neuen Leben bei seinem Stern. Vom Leben der Seele außerhalb des Körpers bekommen wir ein klein wenig mit, wenn wir träumen. Wir erfahren, daß in Träumen die Seele, befreit vom Körper, ein Dasein führt, in dem die physikalischen Gesetze der Welt nicht gelten. Der Traum kümmert sich nicht darum, ob etwas möglich ist oder nicht, weder um allgemeine oder spezielle Relativitätsgesetze noch um quantenmechanische Lichttheorien, und damit ist auch gleich gesagt, daß es Welten gibt in Mensch und Kosmos – der Mensch mit seinen Träumen lebt im Kosmos –, die sich außerhalb der physikalischen Gesetzmäßigkeiten befinden. Die Welt der kosmischen Gesetze übersteigt das, was durch toten physikalischen Verstand isoliert erreichbar ist. Wir benötigen ein gewisses lebendiges künstlerisches Bewußtsein, um uns ihnen in Gemälden, Musik und Wort anzunähern. Der Weg zu einer erweiterten Wahrnehmung des Kosmos führt über die Sinneswahrnehmungen hinaus, auch über das hinaus, was durch die astronomischen Instrumente beobachtet werden kann, welche die Sinneseindrücke letztlich nur verstärken und differenzieren. Auch ein Psychologisieren der Träume kann uns nicht weiterhelfen, denn dieses hat mit Analogien und nicht mit wahrer Erkenntnis durch Ausbildung von höheren Geistorganen zu tun.

Kann das, was im Traum im Dämmerzustand erlebt wird, mit wachem, ja steuerbarem Bewußtsein erfahren werden? Die großen Geister der Menschheit, deren Lichter uns besonders stark und auch für die Sinne wahrnehmbar vom Himmel entgegenleuchten, zeigen uns, daß dies möglich ist. Es sind auch schon viele Individuen unter uns Menschen, die in Freiheit und aus eigener Kraft ein höheres Bewußtsein entwickelt haben. Rudolf Steiner hat in seinem Buch *Wie erlangt man Erkenntnisse höherer Welten?* geschildert, wie der Mensch dorthin gelangen kann. Es ist uns also möglich, klare Bilder vom lebendigen Kosmos durch innere Arbeit zu erlangen, indem wir uns durch Konzentrationsübungen in die Lage versetzen, die Seele auch dann zusammenzuhalten, wenn wir einschlafen. Ich versuche das bildlich auszudrücken: Normalerweise verdünnt sich unsere Seele beim Ablösen vom Körper, wie Sirup im Wasser, und entweicht ins Weltall, so daß unser konzentriertes Bewußtsein verlorengeht und die Nacht im Tiefschlaf als dunkel erlebt wird; was der Seele im Jenseits widerfahren ist, kann normalerweise nicht ins Tagesbewußtsein zurückgebracht werden. Gelänge uns dies, so könnten wir als körperfreie Seelen, bei schlafendem Leib hier auf Erden, Reisen zu den Sternen unternehmen und Kunde davon geben, wie es im Himmel und hinter ihm aussieht. Leute, die das erreicht haben, berichten davon, soweit dies in Worten ausdrückbar ist. Sie erzählen uns, daß die Körperlichkeit der Sternenwelt die bereits vergangenen Taten geistiger Wesenheiten darstellt. Das ist eine Aussage mit ungeheuren Konsequenzen, denn sie besagt: Alles, was mit Räumlichkeit und Materie im Kosmos zusammenhängt, gehört der Vergangenheit an und ist als Relikt ehemals lebendiger Prozesse zu betrachten. Der Astronom von heute, der ausschließlich ein räumliches Bild auf Grund gestorbener physikalischer Prozesse im Weltall entwickelt, ist Vergangenheitsforscher, er ist kosmischer Archäologe.

Was sehen wir aber, wenn wir versuchen, Sterne lebendig anzuschauen? Das sagen uns die Geistesforscher: Wir sehen die Stoffwechselprozesse der jeweils höchsten Wesen, die einen Stern bewohnen. Denn «Sterne sind Kolonien geistiger Wesenheiten», so Rudolf Steiner. Betrachten wir vom Mond her die Erde, sind ja keine Bäume und Menschen mehr sichtbar, aber es können noch Phänomene betrachtet werden, die aus sich heraus oder infolge der Bescheinung durch die Sonne zum Leuchten kommen. In solchen Lichtereignissen zeigen sich die schwierigsten Stoffwechselprobleme der auf der Erde wohnenden Menschen. Zu diesen gehört der Umgang mit der irdischen festen Nahrung, die abgebaut, und die Schwere des Blutes, die überwunden werden muß. So sehen wir, wenn wir von außen her auf die Erde blicken, direkt in den Magen, ins Herz oder auf darauf wohnende höchste Wesen! Tatsächlich, wenn der Mensch von außen her auf die Atmosphäre, auf unseren blauen Planeten schaut, dann leuchtet das auf, was stürmische abbauende (wie in der Magen-Darm-Dynamik) und die Schwere überwindende Störungen (wie in Herz und

Kreislauf) auf unserem Planeten sind. Man könnte auch sagen, von außen leuchten die Gemeinschaftschakren der sieben Organprozesse der Menschheit auf. Es leuchtet dasjenige, was durch den Menschen in seiner Entwicklung zur Freiheit und Liebe den Erdgeist bereits zum Leuchten bringt. Es leuchtet auf, was in den Menschenherzen von der Sonne über den Christus der Erde geschenkt im einzelnen zu strahlen vermag. In der Zeit, in der die Schmetterlinge auf der Welt ausschlüpfen, leuchtet die Welt, als Stern von außen gesehen, auf. Ist das nicht die hohe Zeit der Feuergeister, der Salamander, dieser hohen Elementarwesen? Wann leuchten denn Johanniskäfer und blinken uns im Dunkel der Sommernacht wie der lebendige Sternenhimmel entgegen? Wenn ihr Stoffwechsel eine Wandlung zum Höheren erfährt, wenn ihr Leben für die damit eng verbundenen Elementargeister Gefühlsnahrung ergeben, wenn Liebe die Wesen zum Leuchten bringt. An der Pforte zur Einweihung beginnt der Stern des sich verwandelnden Menschen zu leuchten! Ein sanftes Streicheln findet im Kosmos statt, was die Sterne zum Leuchten anregt. Nicht nur Kernreaktion und Explosionen sind es, die dem zugrundeliegen, was der heutige Astronom als Novas, als neue Sterne, beobachtet. Ein sanftes geistiges Streicheln erregt die Sterne in ihrem Stoffwechsel, dem Leuchtprozeß der Johanniskäferchen in einer höheren Ebene verwandt. Supernovas sind im Bereiche von Galaxien zu finden. Galaxien sind Spiralnebel. Zu sagen, es handle sich bei ihnen um andere Milchstraßensysteme und deren Sterne seien Sonnen wie die unsrige, ist nicht richtig, denn die geistigen Wesen, deren Ausdruck sie selbst sind, sind ganz andersartig. Überall dort, wo Spiralen in der Natur auftreten, vergehen Welten und entstehen neue. Spiralig löst sich der frische Keimling vom alten zerfallenden Samen. Der Samen wird chaotisiert, etwas Neues entwickelt sich daraus. Im Spiralnebel finden wir kosmisches Keimgewebe neben Zerfallendem, sich Auflösendem, zum Chaos Zurückkehrendem. Die Gesetze in Spiralnebeln spotten allen physikalischen Vorstellungen. Nach Auffassung der Astrophysiker kann durch Zusammenfallen aller Materie die Gravitationskraft so groß werden, daß das Licht selbst angezogen und verschluckt werde. Ein schwarzes Loch entstehe, das jedoch noch kurz aufleuchten und zur Nova werden könne. Licht werde durch Anziehung umgebogen und Richtung Erde geschickt. Sie rechnen mit Lichtgeschwindigkeit, betrachten aber die Ausbreitungsgeschwindigkeit des Schattens. Nun, wie gesagt, das sind wirklich materialistische Riesenspekulationen! In einer Zeit von bis zu fünfzehn Milliarden Jahren zurückgerechnet, grenzt das an Vermessenheit im Sinne des Wortes, daß sich der Verstandesmensch ganz materialistisch mit Raum- und Zeitmaßstab vermißt.

Es sei hier bemerkt, daß die Sonne und damit das Jahr noch gar nicht so lange existiert. Dem stehen folgende Tatsachen gegenüber: Stirbt der Mensch, segnet er Raum und Zeit! Es braucht also überhaupt nicht Jahrmilliarden, um an die Grenze des Raums zu kommen, sondern im Sterben, ja bereits im Träumen kommt innerhalb normaler Lebensspanne jeder an die Grenzen der Raum-Zeit-Welt. Und wer den Weg zu höherer Erkenntnis eingeschlagen hat, kann dies bereits zu Lebzeiten in seinen Meditationen mit Bewußtsein tun. Ein «Sichfühlen im Gesamtzusammenhang», das Betrachten aller Lichtphänomene, bereits ein Beobachten der Leuchtfische, Johanniskäferchen und durch Liebe zum Strahlen gebrachter Wesen zeigt uns den Weg zu tiefer Erkenntnis. Sie bestätigen nur, was die wunderbaren astronomischen Aufnahmen zeigen, die Bilder vom Weltraumteleskop von Hubble: schönste farbige Bilder von Galaxienhaufen, die wie kosmische Schmetterlingsscharen aussehen. Was uns am Fixsternenhimmel noch scheinbar starr und punktuell entgegenleuchtet, beginnt sich auf photographischen Aufnahmen mit bis zu vierzehntägigen Belichtungszeiten zu verwandeln und in Bildern zu zeigen, die sich als reinste Blütenpracht und als Schmetterlingstanz von Spiralnebeln entpuppen. Es sind Welten kosmischer Blühprozesse. Der Kosmos blüht! Was sind aber Schmetterlinge? Befreite, davonfliegende Blüten. Und was sind Blüten? Durch seelische Berührung verwandelte Pflanzen. Wo das lebendig Wachsende astral berührt wird, findet ein leises Aufwecken statt, was sich in Träumen äußert. Träume sind uns in der Vielgestalt der Blüten geoffenbart. Betrachten wir aber den Sternenhimmel, dort, wo sein räumliches Wachstum durch Metamorphose sich in Blüte, Duft und Geist auflöst, betrachten wir eine kosmische Traumwelt, jenseits von Raum und Zeit und toten physikalischen Regeln.

Die Gesetze der Galaxien sind dem verwandt, was dem Menschen in seinen Träumen begegnet! Was zeigen uns die gewaltigen Imaginationen der alten Sternschauer? Es sind die Kräfteverhältnisse, die der hellsichtige Sternen- und Firmamentergründer auf die Erde einwirken sieht. Durch die Entwicklung von Imaginationen, Inspiration und Intuition können auch wir durch Geduld und den freien Willen, dies zu tun, dahin gelangen, den Kosmos von jenseits der Grenze zu betrachten. Der Mensch kommt dort zum Geistigen, das den Religionen, den Weltanschauungen zu Grunde liegt: zum Wort. Die Spiralnebel sind wie der spiralige Schneckengang im Innenohr, kosmische Geistwahrnehmungsorgane am Rande des Kosmos gegen das rein Geistige hin orientiert. Innerhalb des Kosmos, in dem Verhältnis, das sich in den Stellungen der Sterne zueinander zeigt, stehen karmische Zusammenhänge geschrieben. Die Punkte der Milchstraße sind die durch den Kosmos wandernden Seelen der Verstorbenen. In den hellen Sternen betrachten wir das Geisteslicht der großen Führer der Menschheit. In der Sonne können wir das empfinden, was uns Menschen zu Freiheit und Liebe, zum höchsten Ziel der Menschheit, führt. Einige Milliarden Menschen auf der Erde, ebenso viele oder auch mehr am Sternenhimmel leuchtend. Auch wenn ein Mensch auf der Erde ist, bleibt ein Höheres in den Sternen zurück, und von dort erhält er auch seine Kraft. Fast zweihundert Millionen Sterne und Sternchen können mit dem Fernrohr ausgemacht werden. Von bloßem Auge sichtbar sind wenige Tausende, deren geistige Taten, als Menschen verkörpert, auch der Welt sichtbares Gepräge gaben und geben. Über alles leuchtet die Sonne, das große Geheimnis, die große Erlösung.

Die dreifache Erleuchtung

Wie anders doch die Sternenwelt aussieht, wenn wir mit beseeltem Bewußtsein durch das Fernrohr schauen! Wenn wir karmisch verbundene Seelen in Sternhaufen zusammen vom Himmel herunter blinken sehen. Wenn uns Sternenindividuen wie Tautropfen am ätherisch erhellten Himmel entgegenzwinkern. Wenn der Himmel kristallartig durchsichtig und trotz der Nacht sich erhellt zeigt. Wenn in der kalten Wintersternennacht die klaren Gestalten der Zirkumpolarsternbilder die Idealformen von Zweig mit Blatt im Wagen des Großen Bären ätherisch herunterstrahlen. Die geometrischen Formen der Kristallklassen lassen sich in den strengen Sternbildern finden: Würfel, Prismen, hexagonale, rhomboedrische, trapezoide Formen, aber nicht als abstrakte Zeichen, sondern als Formkraft vermittelnde, in den Bildekräfteleib der irdischen Wesen eindringende Kraftregionen. Der im Sternenhimmel ruhende Blick kann Erlebnisse hergeben, ähnlich dem, wenn wir uns Zeit nehmen, um einen Wiesengrund länger mit ruhenden Augen zu betrachten, so daß dieser zu leuchten beginnt. Lachen mußte ich auch schon, als ich unvoreingenommen zum Himmel guckend ein mich ebenfalls anguckendes Gesicht entdeckte. Der Mond, ein Kopf am Himmel! Alle festen Himmelskörper sind aber runde Köpfe. Wäre der Mensch doch selbst ganz Kopf, wenn er sich nicht entgegen der Schwerkraft aufrichten müßte. Die langen Röhrenknochen sind nur das Ergebnis des sich Auflehnens gegen die Schwere. Der alternde Mensch, der sich nicht mehr der Schwere entgegenzustemmen vermag, krümmt sich wieder zum Himmelskörper zusammen. Der Mond ist das Urbild des menschlichen Antlitzes, mit seinem von der Erde aus unsichtbaren Hinterhaupt, von wo aus die männlichen periodischen Denkprozesse ausgehen, während von seinem Antlitz her die weiblichen periodischen Stoffwechselprozesse mitgestaltet werden.

Und jetzt ein Gedankensprung ins Meer, zum Tintenfisch, dem Wesen, das uns am Meeresgrund wie ein Antlitz ansieht und das selbst das tierische Abbild der Vorderseite des Mondes ist. Sepia, dieses große Heilmittel für die Periodenstörungen der Frau, ist das periodisch gebildete Sekret des Nucleus niger, eines Gehirnteils dieses Kopffüßlers oder – besser gesagt – Kopfstoffwechslers. Spannend ist es, den Tintenfisch, dieses Meerestier, am Mond im Himmelsmeer zu betrachten, sein Wesen im Ursprung zu imaginieren, Planeten und Monde als Köpfe im Himmel zu sehen, Sternbilder als gestaltbildende Kraftregionen zu betrachten. Im Bereich des Äquators werden die Sterne im Gegensatz zu den nördlicheren Bildern dann oft zu fischartigen, schlangenförmigen, weniger geformten Gebilden zusammengefaßt, denen manche lianenartige Pflanzenformen und durchschlungene Wurzelgestalten zugrunde liegen. Im Norden am Himmelspol eher die ätherisch wirksamen Wesen der Formgestaltungen, gegen den Tierkreis hin übergehend zu tiermenschlichen Gestaltungen, die verraten, daß hier Titanenkämpfe stattfinden, in deren kosmischen Regionen Menschengeist versucht, Astralisches, Ungebändigtes zu zähmen.

Pflanzensternbilder gibt es nur angetönt, zum Beispiel die Ähre der Spica im Sternbild der Jungfrau, durch die die

Frucht vervielfältigt wird. Eigentliche Pflanzenurformen, wie die Kelche von Tulpe und Lilie, finden sich in den geschlossenen runden und offenen spitzen Bildern von Krone und Leier. Schweift unser Auge in klarer Sternennacht weiter über den Himmel, der Milchstraße entlang, kann der Eindruck entstehen, daß sich die Zellmyriaden der Sternchen wie ein Muskelmensch am starren Skelett des Fixsternenhimmels halten. Das ergibt ein phantastisches Bild, wenn man sich den Menschen lebendig am Sternenhimmel über den Tierkreis vom Widder bis zu den Fischen hinziehen sieht, umkleidet vom Muskelmensch von der Milchstraße. Dieser Mensch am Himmel, dessen Füße sein eigenes Haupt wie in der Embryonalstellung berühren, ist abgerundet wie ein Haupt, auch kosmisch rund! Zieht der Mensch nach der Geburt durch seinen ersten Atemzug seine Seele vollends ein und damit vom Sternenhimmel ab, so fixiert er dabei in seinem Hirn die ganze Himmelskonstellation. Ein Phänomen, das in der Natur lebendig am besten bei den Brieftauben beobachtet werden kann. Diese ziehen, nach weiter Reise losgelassen, einfach unter die in ihrem Hirn eingravierte Sternenkonstellation, unter die Sternstellung ihrer Geburtsstunde. In Sternennächten kann der Himmel durch den Mittelstreifen der Milchstraße zweigeteilt, wie durch die zentrale Hirnfurche getrennt, als zwei Hirnhälften angesehen werden. Wie spannend, sich am Himmel, anhand der links- und rechtsseitigen Sternenbilder, Überlegungen anzustellen, was wohl wo im Hirn vorgeht. Eine kosmische Neurologie ließe sich begründen. Aber auch eine kosmische Ophthalmologie! Ist doch der Kosmos als Ganzes wiederum vollständig im Auge organisch ausgedrückt. Der Augenhintergrund, im Mikroskop betrachtet, hat frappante Ähnlichkeit mit der riesigen Netzhaut des Sternenhimmels. Der Glaskörper des menschlichen Auges zeigt im Licht des Ophthalmoskopes bei gewissen Erkrankungen Erscheinungen wie die des Sternenhimmels. Bei Netzhauterkrankungen können sich Dunkelheiten, Nebelflecken und Filamente vor den das Sonnenlicht reflektierenden Sternenhintergrund schieben. Verblüffend ähnlich dem Roßkopfnebel im Sternbild des Orions, vom Sternenhintergrund her beleuchtet. Unvergeßlich, wie sich dem Amateurastronomen bereits in kleinen Fernrohren im Orionnebel das Ringen von Dunkelmächten mit Lichtgewalten darbietet. Gespenstisch, erschütternd dieses Hervordringen dunkler Wolken, die sich sternenverschluckend, seelenauslöschend im Kosmos hinziehen. Im Orionnebel läßt sich bildlich anschauen, was im großen Sternbild des Orions eigentlich vorgeht. Der Kampf dieses Königs, der das abgeschlagene Haupt der Medusa in seiner Hand hält. Ein Blick durch das Fernrohr läßt sofort diesen Streit zwischen luziferischen Lichter- und ahrimanischen Dunkelwelten erkennen. Und mitten durch den Kosmos, ständig sich wandelnd, zieht die Sonne ihre freiwillige Bahn, um die Sterne, die ihre Seelen an die Erde abgegeben haben, zu trösten, sie zu beruhigen, bis zu dem Zeitpunkt, wo sich die Sonne auf ihrer platonischen Jahreslaufbahn um eine Bogenminute verschoben hat. Dann können die von der Sonne abgeschirmten Sterne wieder zur Erde hervorgucken und nach zweiundsiebzig Jahren Entbehrung und Beruhigung durch die Sonne ihre Seelen wieder zurückfordern, wie uns dies Rudolf Steiner beschreibt. Wenn es uns gelingt, uns den Menschen am Himmel über alle Tierkreiszeichen hinweg lebendig vorzustellen, wird die Spannung groß, wenn wir Zeuge davon werden, wie vielleicht gerade der Jupiter im Sternbild der Jungfrau, von wo die Kräfte zur Bildung der Eingeweide hervorgehen, an der Leber formend tätig ist. Wenn jetzt ein Kind geboren wird, wird seine Leber durch Jupiter gestärkt sein? Dies im Laufe des werdenden Lebens als

Arzt, als Mensch zu betrachten, dies am Sternenhimmel zu bedenken, kann uns den Sternen immer näher bringen. Seien wir uns bewußt, daß der Mensch selbst Abbild des ganzen Kosmos ist! Daß er ohne Himmel gar nicht leben kann. Daß in den einzelnen Organen, im Auge, im Ohr usw., nochmals der ganze Mensch, also Kosmos im Kosmos, zu finden ist. Jede Zelle ist selbst Abbild des Universums, und die festen Zellstrukturen stellen in den Zellen das dar, was aus dem Kosmos erstarrt ist. Der Zellforscher ist somit auch Astronom.

Aber zum eigentlichen geistigen Erleben des Kosmos gelangt der Mensch erst durch drei innere Lichterlebnisse. Das erste, die Sternenerleuchtung, läßt uns seelisch erfahren, daß unser Haupt aus den Lichtkräften des Sternenhimmels geworden ist. Wer seine Erleuchtung im Herzen findet, nimmt wahr, daß sein Herz aus Sonnenkräften hervorgegangen ist. Er erkennt seinen Lichtorganismus als Sonnenorganismus. Neben Sternen- und Sonnenerleuchtung gibt es die Venuserleuchtung: die Erleuchtung des Sonnengeflechts. Das ist das Mysterium magnum: das Mysterium des dreigliedrigen Menschen, am Sternenhimmel im Tierkreis aufgeschrieben und in den drei hellsten Gestirnen Mond, Sonne und Venus verkörpert, die von höchsten Wesen bewohnt sind: Jahve als höchstes Wesen des Mondes spiegelt die kosmische Sternenweisheit ins Gehirn; der Lichtträger läßt die Venus erglänzen, und der Christus, der Sonnengeist, der seit zweitausend Jahren mit der Erde verbunden ist, läßt allmählich unser Herz und um uns alle Naturreiche sonnenhaft an Kraft gewinnen.

Vierfacher Kosmos

Der Blick mit bloßem Auge in den Sternenhimmel, bei klarer Luft hoch in den Bergen, ist der schönste. Wer versucht, schauend das ganze Himmelsgewölbe zu umfassen, fühlt Ehrfurcht durch sich strömen. Was sehe ich da am Firmament riesengroß ausgespannt? Es ist der Mensch, wie er als Urbild in seiner denkbar größten Größe vorgebildet ist, bevor er durch die Wesen der höchsten Hierarchien, zum Menschen in seiner irdischen Gestalt komprimiert, zum Wandel auf die Erde geschickt wird. Auch wenn der Mensch hier auf der Erde klein ist, so ist sein Urbild doch riesengroß am Himmel angelegt. Wir selbst helfen durch unsere Konzentrationskräfte mit, uns bis zur antastbaren Materie zu verdichten. Als Lichtgestalten sind wir jedoch am Himmelszelt.

Heute nacht habe ich vor, mit dem Fernrohr den Himmel zu mikroskopieren: Denn wenn im Tierkreis der ganze Mensch gerundet vor mir ausgebreitet liegt, ist ein Blick durch das Fernrohr vergleichbar mit dem Blick durch das Mikroskop in ein Gewebe des irdischen Menschen. Die verschiedenen Körperregionen, die sich jetzt in den Wintersternbildern zeigen, betrachte ich erst mit dem Übersichtsokular, um mir später Interessantes, Spezielles nochmals vergrößert anzuschauen. Ich bin in den Weltengrund des Sternbildes Stier versunken, als sich plötzlich ein Schimmer in das Blickfeld meines Teleskops hineinbewegt. Es zeigt sich in der Region des Kehlkopfs des Himmelsmenschen, der mit den Stierkräften einhergeht, ein fahles, wie von innen her erleuchtetes, unscharf umgrenztes Knötchen; und gleich daneben taucht ein zweites, kleineres Knötchen auf. Es muß sich hier, mikroskopisch gesehen, um Lymphknötchen am Hals handeln, makroskopisch am Himmel als Nebelwölkchen in Erscheinung tretend. In der Lymphe beginnt sich das, was im Blut gelebt hat, zu exkarnieren, das Geistige löst sich aus dem Blut und kommt so zum körperfreien Leuchten. Ist es das, was ich sehe, dort oben am makroskopischen Himmelsmenschen? Weiter beobachte ich im Fernrohr, «seitlich entlang der Muskulatur», das heißt des in der Milchstraße veranlagten Muskelmenschen, noch andere solche Lymphknötchen, die der Astronom in seiner Räumlichkeitsauffassung als riesige Milchstraßensysteme ansieht. Dazu ist zu sagen, daß das Weltall am Rande in einer Metamorphose vom Räumlichen zum Jenseitigen endet, vergleichbar dem, wie eine Wiese sich dem Himmel zu verwandelt: vom grünen, wachsenden Kraut zur tellerförmigen Blume, als dem Traum der Pflanze – dann von der Blüte zum Duft, vom Duft zum Geist, womit jegliche Räumlichkeit endet. Die Wiese kann uns viel mehr über den Kosmos lehren als tote Physik. Die Menschen mit geistigem Blick erzählen denn auch, daß es möglich sei, vom Geist aus den Kosmos sozusagen von außen zu betrachten. Sie erzählen, wie die Kraftfelder, die von den Sternbildern ausgehen und von den Alten beschrieben wurden, empfunden werden können. Der heutige Astronom tut ja nichts anderes, als irdisch räumliche Verhältnisse in den Himmel hinaufzuprojizieren. Das allerdings erst, seitdem in der Malerei die Perspektive gesehen wurde. Heute läßt er sich durch die Rotverschiebung im Farbenspektrum der Sterne eine raumausdehnende Geschwindigkeit der Galaxien vortäuschen. Dies, obschon ja gerade die

Farbphänomene die Eigenschaft haben, sich an der Grenze des Physikalischen zum Geistigen hin zu bewegen. Die Physik kommt heute mit den Farbphänomenen noch nicht zurecht, weil sie ihren Gesetzen nicht ganz gehorchen. «Mutig stürzen sich im Rotbereich des Regenbogens die Elementarwesen unserer Erde, wenn sie das Sonnenlicht und das Sternenlicht ergreifen, ins Ätherische, scheu ziehen sie sich im Blau ins Astrale zurück!» (sinngemäßer Hinweis von Rudolf Steiner). In der Spektralanalyse werden Elementarwesen der Erde in ihrem Umgang mit dem Sternenlicht beobachtet! Es ist nicht richtig zu denken, das Sonnen- und Sternenlicht bestehe aus der Summe aller Farben. Das steht zwar in den Schulbüchern, was aber die Elementarwesen nicht kümmert, denn das wäre das gleiche wie die Aussage, unsere irdischen Elementarwesen lebten gleich auf der Sonne und auf den Sternen, wo doch die Sonne von weit höheren Hierarchien bewohnt und belebt ist. Genaugenommen ist das, was Raum anbelangt, nur dort etwas Reelles, wo durch Wachstum in der Zeit, durch originäre Substanzbildung aus dem unsichtbaren kosmischen Licht, Substanz geworden ist.

Als Beispiel: Durch die Jahreszeiten hindurch wächst ein Baum heran. Erst stand hier kein Baum, dann ist hier einer gewachsen, der jetzt Raum einnimmt. Bevor das geschehen ist, macht es keinen Sinn, von einem Kubikmeter abstraktem Baumraum zu sprechen. So gibt es in der Natur eher eindimensional gewachsene Räume wie in den Nadeln der Nadelbäume; es gibt zweidimensional gewachsenen Raum in den Blättern der Blattbäume, der Wasseroberfläche verwandt; und es gibt auf der Erde echten dreidimensionalen Raum im gewachsenen Knochen des Tiers oder des Menschen. Der Mensch ist selbst das echteste dreidimensionale Wesen, so wie er auf Erden wächst. Wie schon dargelegt, lösen sich die Raumeswelten allmählich auf, wenn wir uns von der Erde entfernen. Das räumlich Modellierbare wird in der Planetenebene gegen den Tierkreis hin zum tableauartigen, imaginativen Traumgebilde umgestaltet, dann durch Wegnahme einer weiteren Dimension zur tönenden Sphärenmusik oder zur eindimensionalen Sternenwelt verwandelt, um dann, enträumlicht, in dem den Kosmos umgebenden und ihn durchdringenden Weltenwort jenseits aller Dimensionalität zu ertönen. In den Grenzbereichen dieser kosmischen Entmaterialisation finden sich nun auch ätherisch erglänzende, durch lange Belichtungszeiten nur knapp photographisch festhaltbare Auraerscheinungen als Himmelsobjekte, die im menschlichen Lichtorganismus, in seinem Werden und Vergehen auch zur Wirkung gelangen. Der Mensch ist lebendig, der Kosmos auch! Und er ist mindestens vierfach: ein physischer, ein lebendiger, ein beseelter und ein geistiger Kosmos.

Die Kraft, Sterne zum Leuchten zu bringen

Berühre ich einen Menschen, rühre ich den Kosmos an. Massiere ich seine Füße, widme ich mich dem Sternbild der Fische, aus dessen Bildekräften die Füße, zusammen mit der Erde, gestaltet sind. Behandle ich einen Körperteil, lege ich die Hand am Tierkreis des Sternenhimmels an, aus dessen gestaltenden Kräften der physische Körper gebildet ist. Taste ich mich zu den Organen heran, greife ich nach den Planeten, aus deren Formkräften die Organe geworden sind. Wende ich mich den Menschen allgemein zu und betrachte eine mit Leuten stark belebte Straße, so sehe ich Seelenlichter wandeln: eines leuchtend, eines vielleicht nur abgeschwächt strahlend, einige der Wahrnehmung entweichend. Und doch: überall berühren sich Seelen. Eine Seele wird durch einen Blick gestreichelt und zum Leuchten gebracht, was sich in einem Lächeln zeigt oder in sonst einer inneren Regung, in einer der vielen Weisen, in denen die Liebe Gestalt annehmen kann. So können wir die Seelen, als in ihrer Leuchtkraft veränderliche oder pulsierende Sterne, auch hier auf der Erde wahrnehmen. Wir können sie eng beisammen in einer Schicksalsgemeinschaft wie in einem Sternenhaufen versammelt finden, aber auch einzeln als solitär glänzende Fixsterne still und weit um sich strahlend wie die großen Geister, welche die Menschheit lenken. Umgekehrt können sich zwischen Nachbarn auch Dunkelfelder ausbreiten, spürbar strahlungslose, ja absorbierende

Dunkelwolken von interstellarem schattenwerfendem Materialismus oder aber von verführerischem luziferischem Glanz. Dies alles ist auch am Sternenhimmel zu beobachten. In der Konstellation der Nachbarschaft ist immer auch Karmisches, von Erdensicht her Ungewolltes hineinverwoben – Verhältnisse, die aber vorgeburtlich im Sternenhimmel gewollt worden sind und dort noch sichtbar sind. Das Leben auf unserer Erdoberfläche, betrachtet mit dem gleichen Blick, wie ihn der lebendig denkende Sterngucker in den Himmel richtet, macht Spaß, sind doch manche Supernova, manches Sternchen, mancher Veränderliche, allerhand Sternhaufenansammlungen beidseits festzustellen. Wenn wir die Sterne betrachten, schauen wir allerdings zum höheren Ich des Menschen in seiner Verbundenheit zu den Hierarchien hinauf. Zuweilen sind auch menschheitsvernichtende, über größere Regionen von Sternbildern oder Ländereien sich hinziehende, seelenerlöschende galaktische Antikulturwirbel auszumachen, aus denen dann urplötzlich, unter der Düngung von kosmischer Chaotisierungskraft, Neues, eine Nova, eine neue Lichtströmung hervorgeht.

Der Sternenhimmel am Menschen, der Mensch am Sternenhimmel studiert, ergibt befruchtend horizonterweiternde Erkenntnismomente, die viel Heilendes an sich haben, und darum geht es ja in diesem Buch: krankmachende Vorstellungen loszuwerden, befreienden Vorstellungen Platz einzuräumen, so daß die verschiedenen Sterne neu zum Leuchten kommen. Eine Arztpraxis sollte einer der Orte sein, wo durch Erkenntnis der den Menschen metamorphosierenden Krankheit neues Licht in der Seele angezündet wird. Jedoch viel wichtiger als der Ort der Praxis ist der ungebundene Ort der Begegnung zweier menschlicher Gestirne, wo es ein jedes selbst in der Hand hat, sein Licht und das Licht des anderen zu entfachen. Der Mensch hat das Glück, hier auf der Erde eine solche aktive, Sterne zum Leuchten bringende Astronomie zu praktizieren. Damit gibt er dem, was in der Mitternachtsstunde zwischen Tod und neuem Leben am Sternenhimmel als Seelenflamme glänzt, seine neue weltenverändernde Leuchtkraft. Es gibt keine üble Tat, ohne interstellare Dunkelheit quellen zu lassen, keine liebevolle Berührung, ohne einen Stern erzittern und aufleuchten zu lassen.

Kosmische Ereignisse sind geistige Taten

Eines Morgens stand in der Zeitung: «Das Hubble Space Telescope, das aus einer etwa 600 Kilometer hohen Erdumlaufbahn laufend Objekte im Weltall registriert, wartet immer wieder mit Überraschungen und spektakulären Bildern auf: so mit dem Bild eines durch heftige Ablösungen von äußeren Sternschichten entstandenen, langsam sich ausbreitenden Nebels, bezeichnet als MyCn 18. Dieser gilt als Überrest eines sterbenden Sterns. Ein ähnliches, von Amateurastronomen gut beobachtbares Objekt stellt der Ringnebel M 57 in der Leier dar. Nach heutiger astronomischer Ansicht dürfte auch unsere Sonne dereinst in ähnlichen Erscheinungen ihr Dasein beschließen.»

Gehen wir davon aus, daß es kein kosmisches Ereignis ohne dazugehörige geistige Tat gibt, dann beginnen wir solche Phänomene am Sternenhimmel noch mit anderen Augen zu betrachten. Seien wir uns bewußt, daß das, was mit Lichtjahren an Räumlichkeit in den Kosmos hineininterpretiert wird, reine mathematische Phantasie ist! Aurische Lichterscheinungen im ätherischen Kosmos können sowenig in Metermaßen geortet werden wie etwa Traumerscheinungen in Zentimeterdistanzen um das Bett herum! Gerade in der ätherischen, auch elementarisch genannten Welt ändert sich das, was man in der toten physikalischen Welt als räumlich anschaut. So braucht ein Meditierender durchaus keine Lichtjahre an Zeit und

Distanz zurückzulegen, um mit seinem Stern Kontakt aufzunehmen! Eine höhere Wirklichkeit tut sich hinter den Bildern der Astronomie auf, die sich überzeugender darstellt als die mit dem perspektivischen Verstand erfaßbare Welt.

Was steckt denn eigentlich hinter der Materie, die wir mit unseren Sinnen erfassen können? Materie ist gefangenes Licht. Licht ist aber Erscheinung geistiger Wesenheit. Wenn sich Lichtringe von einem Stern ablösen wie in solchen Nebeln, dann heißt dies, daß sich Kolonien geistiger Wesenheiten vom Ort des Sterns entfernen. Zieht sich alles Geistige von einem Stern zurück, dann verschwindet auch schlagartig das Materielle am Stern. Materie vermag nur in Anwesenheit von Geist zu existieren. Der Stern «entwird», Materie wird zu Geist. Was in die nächste Inkarnation eines solchen Sterns übergeht, ist das, was die elementarische Welt von ihm zurückbehält. Alles, was der Mensch als Naturgewalten im Kosmos und auf der Erde sieht und empfindet, sind die lebendig waltenden Gedanken höherer Wesen. Bei allen Betrachtungen von Lichtphänomenen ist es gut zu bedenken, daß das Licht leuchtet und nicht die Materie. Nicht die Glühbirne, sondern das Licht leuchtet an der Stelle einer Glühbirne. Das ist ein Unterschied! Solche denkerischen Ungenauigkeiten sind der Grund von kosmischen Zeit- und Distanzillusionen. Besser ist es, bei den Phänomenen zu bleiben, wo Nebel als Nebel und Sterne als Sterne betrachtet werden, von denen sich unsere Sonne eindeutig unterscheidet. In die Nebel Sterne, in die Sterne Sonnen hineinzuinterpretieren ist der gleiche Fehler, wie in die Materie Atome hineinzudenken.

Zu diesem Thema finden Sie Näheres in meinem Buch *Unerhörtes aus der Medizin* (Hallwag Verlag, 1989).

Ein wissenschaftlicher Realismus, der unsichtbare Lebensprozesse anerkennt, führt zur Ansicht eines Universums, das bis zur Mondsphäre dreidimensional ist, das dann in eine Ebene übergeht, in der die Planeten kreisen, das heißt, das dann zweidimensional wird, um sich schließlich in der Eindimensionalität und dem Punktförmigen der Sternenwelt aufzulösen. Dort sehen wir Ätherisches in traumbildähnliche Lichterscheinungen übergehen. Dahinter stehen waltende Geistwesen, deren Gedanken Taten sind! Die Astronomen zeigen uns noch nie dagewesene Bilder dieser Wesen. Die Astronauten haben Wesentliches zu diesen Aufnahmen der Raumteleskope beigetragen und so ein Stück Astronomiegeschichte geschrieben. Den Mitbeteiligten sei großer Dank!

Der Puls der Sterne, die Rhythmen des Menschen

Sind die Rhythmen in der Sternenwelt auch im Menschen auffindbar? Ja – Tag- und Nachtrhythmen zum Beispiel finden wir im Chemismus der Leber. Mondrhythmen sind in den Reproduktionsorganen tätig. Gerade hier sehen wir, daß sich Rhythmen im Menschen von der Synchronität mit den Sternenbewegungen am Himmel lösen können. Dies ist im Sinne einer Entwicklung des Menschen zur Freiheit auch nötig. Es ist nicht nötig, die Menstruation mit dem Mondzyklus zu koordinieren: Das wäre ein Zurückfallen in vergangene Zeiten. Tiere haben Brunstzeiten, der Mensch ist unabhängiger davon geworden. Pflanzen machen Sternenrhythmen noch genauer mit: Es gibt ein-, zwei- und mehrjährige Pflanzen, die bestimmte Planetenrhythmen aufnehmen. Die Umlaufzeit des Mars zeigt sich im zweijährigen Fruchtzyklus der Eiche. Mehr dazu wiederum in meinem Buch *Unerhörtes aus der Medizin* (Hallwag Verlag, 1989). Alles, was an Rhythmen in Pflanzen und Tier vorgeht, findet aber auch in uns statt, denn der Mensch ist zusammengefaßte Natur, so wie die Natur selbst ausgebreiteter Mensch ist. Es gibt also Ein-, Zwei-, Drei-, Vier-, Fünf- . . ., Elf-, Zwölf- . . ., Siebenundzwanzig- und Dreißigjahrezyklen, die alle ebenso in der Planetenwelt, in der Natur und im Menschen studiert werden können. Die hauptsächlichsten sind die Umlaufzeiten der Planeten und die Zyklen ihrer relativen Begegnungen! Innere Sonnenrhythmen wie die Sonnenfleckenzyklen kommen hinzu. Die große Sonnenbewegung durch den Raum in Lemniskatenform ist selbst Blutbewegung im Lungen- und Körperkreislauf geworden! Auch das Menschenalter wird durch die Sonne bestimmt. Des Menschen Leben ist auf 72 Jahre angelegt. Was darüber hinausgeht ist ein Geschenk, was darunter liegt ein Opfer. Das menschliche Leben ist eine Bogenminute auf der Reise der Sonne, das heißt ihres Frühlingspunktes durch die Sternbilder im Laufe eines platonischen Jahres, das rund 25 800 Jahre umfaßt. In dieser Zeit bewegt er sich durch alle Tierkreisbilder. Rund 2000 Jahre bleibt die Sonne in einem Sternzeichen. Das sind die großen geschichtlichen Epochen, die zurückführen ins römisch-griechische Zeitalter (Widder), ins ägyptische (Stier), ins persische (Zwillinge) und altindische (Krebs). Nur ein wenig weiter zurück liegen die geologischen Epochen, das atlantische, lemurische und hyperboräische Zeitalter, die der Mensch auf seiner damaligen Entwicklungsstufe geistig mitgestaltet hat. Kulturelle und geologische Epochen sind kosmische Sonnenrhythmen. Vor 25 000 Jahren war die Sonne bereits einmal im Zeichen des Wassermanns, in das die Sonne jetzt gerade wieder eintritt. Das ist wirklich ein Ereignis, denn ein neues Menschenzeitalter bricht an!

Nicht nur in der Geschichte sehen wir den Lauf der Sonne, sondern auch in den Wandlungen der menschlichen Organe. Leber, Herz und Kreislauf der Griechen waren anders, ihr innerer Chemismus, ihre Physiologie und damit auch die Krankheiten waren verschieden von den unsrigen. Völlig verschieden wirkten das Bewußtsein, das Denken, die Gefühle und die Kräfte. Denken, Fühlen und Tun hängen vom Entwicklungszustand der Organe ab. Diese können sich schon in kurzer Zeit völlig ändern. Zum Beispiel wird der Mensch sich zum fliegenden Wesen entwickeln, und der Kehlkopf wird das zukünftige Gebärorgan sein (Rudolf Steiner). Das ist recht gut nachvollziehbar, denn die Leichtigkeit wird die Schwere überwinden, und die Stimme wird Gebärkraft erhalten – das Wort wird physisch werden! Der Schlund mit dem Kehlkopf gleicht anatomisch der Vagina mit der Gebärmutter. Auch psychisch sind beide Organsysteme miteinander gekoppelt.

Was in den Sternen abläuft, geschieht auch im Menschen! Wußten Sie, daß wir 24 000mal am Tag atmen? Jeder Atemzug bedeutet demnach ein Jahr kosmischer Vergangenheit. Wußten Sie, daß in gesundem Zustand das Verhältnis von Atem zu Pulsschlag eins zu vier betragen muß? Damit können Sie ihren Gesundheitszustand im Herz-Kreislauf- und im Lungensystem selbst kontrollieren – sozusagen ein Gesamttest Ihrer Gesundheit, Ihres Lebenswandels. Atemfrequenz und platonisches Jahr sind verwandt. Ein Tag für den Atem ist ein platonisches Jahr für die Sonne!

Rhythmen finden sich auch außerhalb des Sonnensystems: Astronomen fanden die Pulsare, Sterne mit exaktesten Frequenzen, deren Präzision diejenigen der Quarzuhren noch übersteigt. Relativ hohe Frequenzen werden im Hirn, tiefere im Herz und langsame im Stoffwechsel gemessen – mit Enzephalogramm, Kardiogramm, Echogramm usw. Im relativ leblosen Gehirn sind die Frequenzen hoch, man könnte damit Uhren aufeinander abstimmen. Im Herz, das durch die Ich-Tätigkeit und durch Gefühle erregt wird, wird der Puls zum Ausdruck der Persönlichkeit. Im Bauch zeigen Verstopfung und Durchfall den rhythmischen Umgang mit Seelischem an. Sonnenprotuberanzen bewegen den Kreislauf mit; Sonnengranulationsströmungen lassen Herzzellen vibrieren. Geistige Taten im Kosmos, die uns in farbigen Nebeln, gasigen Wolken, in Milchstraße, Sternen, Sonne, Mond und Planeten erscheinen, ergreifen uns auch innerlich und machen uns selbst zum schwingenden, pulsierenden Kosmos. Kein Ereignis im Himmel ohne geistige Tat dahinter, die auch auf die Erde herunter wirkt! Jede Bewegung in uns, die nicht vom freiheitlich betätigten Ich herkommt, geschieht primär am Himmel. Was in uns die inneren Rhythmen stört, ist das eigene Ich. Es stört die Atmung und den Puls. Damit rutschen wir aus der kosmischen Harmonie heraus. Das kann Krankheit bedeuten. Wird das Herz jedoch von Liebe ergriffen, beginnen wir Sternenlichter schöpferisch zu bewegen, zu erregen.

Die Sonne, geistige Quelle des Alls

Die Sonne schenkt uns den Tag, die Sterne erhellen die Nacht. Die Sonne wandert von Ost nach West, und nie umgekehrt. Sie bewegt sich immer vorwärts, und nie rückwärts. Einmal steigt sie hoch hinauf am Himmelsgewölbe, es wird Sommer, und wenn sie sich mehr hinter den Horizont zurückzieht, wird es Winter. Die Sonne schafft Tag und Nacht, Sommer und Winter: die Tageszeit, die Jahreszeit, die Zeit. Ohne Sonne auch kein Vollmond, Halbmond und Viertelmond; ohne Sonne keine Mondzeit. Die Sonne wärmt, ihre Abwesenheit kühlt; die Sonne erhellt, ihre Abwesenheit verdunkelt. In der Wärme und mit dem Licht der Jahreszeiten finden Wachstum und Ausdehnung statt. Wachstum heißt, Wesen vergrößern sich, nehmen mehr Raum ein, der Raum, den sie einnehmen, ist in der Zeit gewachsen. Ohne Sonne kein Raum und keine Zeit. Ohne Sonne kein Werden und Vergehen. Keimen heißt, ins Räumlich-Zeitliche eintreten, sterben heißt, das Räumlich-Zeitliche segnen. Hinter allem, was Materie ist, steht ein Wachstumsprozeß. In Raum und Zeit gewachsen sind die Planeten, sie waren und sind mehr oder weniger gealterte lebendige Wesen. Je nachdem, wie sie sich der Sonne aussetzen, sich in ihr drehen, wenden, sich ihr nähern oder von ihr entfernen, entsteht auf ihnen Planetentag und Planetennacht mit Erwärmung und Abkühlung. Ihr Zeitempfinden ist ihre Wärmeempfindung! Wärme ist immer in geistiger Regsamkeit begründet. Wo Wärme ist, ist Geistiges tätig. Wo Geistiges sich konzentriert und damit verdichtend wirkt, entstehen aus der Wärme heraus Substanzen. Diese Fähigkeit, Substanzen zu bilden, besitzen Sonne und Sterne: vom Geist, von der Wärme zum leuchtenden Gas, zum tönenden Wasser, zum räumlichen Lebewesen, das den toten Stein und die chemischen Elemente ausscheidet und damit gebiert. Jedes Element geht aus einem Wesen hervor. Das periodische System der Elemente ist der Leichnam der substanzerzeugenden Wesenheiten. In der Wärme lebt die Liebe, im Licht die Weisheit, in der Flüssigkeit der Klang, im Geschöpf das Leben, im Stein der Tod. Die Sonne ist die große geistige Quelle des Alls in ihrer erleuchtenden Erscheinung. Die Sterne sind die kleinen geistigen Quellen der die Sonne nachahmenden Geistwesen. Die Gesamtheit der Schöpfermächte macht die Sonne aus. Ihre Geschöpfe sind Menschen, Tiere, Pflanzen und Steine. Ihre Geschöpfe sind aber auch die Planeten, die aus ihr hervorgegangen sind, und die Sterne. Hier unterscheidet sich die geistige Sicht des Himmels ganz wesentlich von der astronomischen: Sterne und Planeten sind nicht durch einen toten Urknall aus der toten Materie hervorgegangen, sondern durch lebendige Geburten aus geistigen, schöpferischen Wesenheiten ins Physische gelangt. So ist der höhere Mensch noch Sternenlicht. Die Planeten sind in materiellere Stadien sich verdichtende Wesensgemeinschaften, und die Erde ist ein stark ins Physische eingetretenes Planetenwesen, das uns Menschen beherbergt in der Spanne zwischen Geburt und Tod.

Die Sterne sind der Aufenthaltsort der Menschen in der Zeit zwischen Tod und einer neuen Geburt. Die Planeten dazwischen dienen als Übergangsherbergen auf der Wanderung des menschlichen Geistes von den Fixsternen zur Erde und wieder zurück. Der Kosmos, die Sterne sind aus den verschiedenen Stadien der Sonnenentwicklung hervorgegangen. Die Sonne bleibt ihr großes schöpferisches Vorbild mit den hohen Geistwesen der Elohim, die sich zu einem noch Höheren zusammengeschlossen haben. «In den reinen Strahlen des Lichts erglänzt die Gottheit der Welt, in der reinen Liebe (Wärme) zu allen Wesen (Geschöpfe, Menschen und Sterne) erstrahlt die Gottheit unserer Seele. Ich ruhe in der Gottheit der Welt, ich werde mich finden in der Gottheit der Welt.» (Rudolf Steiner, *Anweisungen für eine esoterische Schulung*). Die Sonne ist die Schöpfungskraft. Ein Stern ist das geistige Leuchten der Schöpfungskraft eines Menschen im Jenseits. Die großen Sterne sind die Menschheitsführer, Sternhaufen geistige Ansammlungen im Jenseits. In der Milchstraße sehen wir den Hauptstrom der Menschheit. In lichtabsorbierenden interstellaren Wolken zeigen sich dämonenhafte Widersachermächte. Schwarze Löcher sind Gravitationszentren. Schwerkraft entsteht aber nur dort, wo gestorben wird, wo das Geistige die Materie verläßt, wo daher wieder Licht zum Leuchten kommt. Wo Licht und Leben ist, herrscht Leichtigkeit: die Levitas. Wo Substanz aus dem Lebendigen herausfällt, herrscht Schwere: die Gravitas. Die Sonne läßt uns aufstehen, gibt uns Leichtigkeit, die Nacht bettet uns. Die Nacht ermöglicht es, unser höheres Selbst zu finden, unseren Stern am Firmament zu besuchen. Leuchtet ein Mensch, so deshalb, weil ihn sein Stern berühren kann, er wird ein «Star». Jeder Stern aber hat ein Vorbild: die Sonne.

Wie nun bleiben Mensch, Sterne und Sonne in Berührung? Zwischen der Sonne und den Planeten vermitteln die Cherubim, zwischen der Sonne und den Fixsternen die Seraphim. Höchste Geistwesen vermitteln zwischen den Sternen, der Sonne, den Planeten und der Erde. Sie verbinden die

Wesen des aus den vier aufeinanderfolgenden Inkarnationsstadien hervorgegangenen Kosmos.

Die Sonne ist ein besonderer Stern. Sie unterscheidet sich geistig von den anderen Sternen, die der Astronom ja auch zu den Sonnen zählt. Die Sonne ist im Unterschied zu den Fixsternen dreifach. Die Fixsterne sind zweifach: Sterne des Geistes und des Karmas. In der Sonne kommt als dritte die Kraft der Auflösung hinzu: die Kraft, die Raum und Zeit auflösen kann. Was der Astrophysiker bei der Sonne als Gravitationskraft interpretiert, ist raumauflösende Kraft: eine Kraft, die saugend auf die Umgebung von der Sonne in den Planetenraum wirkt. In der Sonne selbst wird jeder Raum aufgelöst. Die Sonnenkugel ist das Gegenteil von Raum, sie ist «mehr als hohl»: In ihr wohnen die Geistwesen der Elohim. Auch das Herz ist hohl: In ihm wohnt das Geistige. Von der Sonne strömt die Levitas aus, das Gegenteil der Gravitas. Sie hilft uns aufstehen. Planeten kreisen nicht um die Sonne, weil sie von ihrer Masse angezogen werden, sondern weil sie durch die Sonne angesaugt werden, wie das Gras. Kometen und auch Raketen werden aufgesaugt, aufgelöst, wenn sie ihr allzu nahe kommen. Die Sonne löst Raum und Zeit auf. Sie erlöst Materielles. Sie ist der Stern der Erlösung, der Raumauflösung, der Überwindung von Raum und Zeit und des Todes. Woraus berechnen die Physiker die Strahlungsenergie der Sonne? Aus dem Äquivalent Energie gleich Masse mal Schattengeschwindigkeit im Quadrat. Sie nehmen zu Recht an, daß sich Masse in Energie verwandle. Die Masse wird aber nicht geistlos vernichtet, sondern durch Raum und Zeit überwindende Liebeskräfte höchster Geistwesen erlöst. Die Energie kommt nicht aus der Masse allein, sondern von der Tätigkeit der Sonnenwesen, die die Assuras befreien. Diese Assuras sind die am weitesten zurückgebliebenen Wesen unserer Erde.

Die Wärme ist ein Äquivalent für die Liebe, die dazu benötigt wird. Denn was ist Liebe? Liebe ist Wärme, die Raum und Zeit auflöst. Auch wir Menschen können dies in Momenten von Liebe erleben. Rudolf Steiner sagte sinngemäß: Die Physiker würden staunen, wenn sie in der Sonne statt eines wasserstoffgefüllten Sterns eine saugende Hohlkugel finden würden.

Die Sonne unterscheidet sich von den anderen Sternen dadurch, daß sie ein dreifacher Stern ist: einer, der Leben schenkt, einer, der uns Licht und Weisheit gibt, und schließlich einer, der die Erlöserkraft in sich birgt. In der Sonne begegnen wir erstens der äußeren sichtbaren Sonne, die heiß und verbrennend wirken kann und Gegenstand der physikalischen Forschung mit Fernrohr und Rakete ist. Wir begegnen der zweiten Sonne, die uns die Weisheit alles Lebendigen bringt. Sie begegnen als drittes der Geistsonne, die auflösend, liebend den Kosmos durchstrahlt und die uns selbst als zeitlose Geschöpfe Gottes empfinden läßt. Schauen Sie an den Himmel zur Sonne hin. Denken Sie dabei, daß hinter der sichtbaren Sonne noch zwei Sonnen stehen: die Sonne, die uns das Leben schenkt, und jene, die unsere Seele mit Liebe ernährt. An den Taten erkennen wir das Wesen.

Wenn von den Sternen die Rede ist, habe ich mir vorgenommen, hinaufzuschauen an den Himmel, denn alles, was Sterne anbelangt, spielt sich am Himmel ab; dasselbe gilt für die Sonne. Und da geschieht etwas Großartiges: Ein Tag bricht an. Die Sonne erhebt sich am Himmel, die Nacht wird überstrahlt. Die fixen karmischen Verhältnisse am Sternenhimmel müssen zurücktreten, werden überblendet. Erlösung in gewaltigstem Ausmaß unter allen Gegebenheiten am Himmel kommt zustande, Freiheit bricht an. Läßt sich der Mensch inspirieren durch dieses erneuernde Ereignis, wird er sein Tageswerk auch dazu gebrauchen, zwischenmenschlich Fixiertes aufzuwärmen, um so in überreligiösem Handeln die Fixsterne zu verschieben und Neues aufleuchten zu lassen. Die Sonne ist die Kraft, die uns die Fähigkeit gibt, im tagesbewußten Handeln Karma zu verändern.

Ein staunenerregendes Schauspiel ist es, durch ein Fernrohr mit den entsprechenden Filtern die Sonne beobachten zu können oder, wenn dies nicht direkt möglich ist, sich eine Filmvorführung dazu anzuschauen. Filme dieser Art sind der Öffentlichkeit zugänglich in Planetarien wie etwa im Deutschen Museum in München oder im Verkehrshaus in Luzern. Auf der Sonne herrscht nicht einfach Ruhe, sondern es wogt lebendig in den Granulationen ihrer Oberfläche. Von Zeit zu Zeit lösen sich riesige Lichtfontänen bogenförmig vom Sonnenrand, die dann gleich wieder eingesogen und verschluckt werden: die Protuberanzen. Dieses Schauspiel findet in den aktiven Zonen um Sonnenflecken herum statt. Diese Sonnenflecken selbst sind dunkle Gebilde, die entstehen und wieder vergehen. Sie treten oft gepaart auf, dazwischen entstehen langgezogene dunkle Filamente, die oft quer zu den Flecken angeordnet sind. Ein Bild wie das einer Zellteilung kann sich ergeben, es bilden sich Pole. Chromosomen wie Filamente, mit Fäden mit ihnen verbunden, ordnen sich äquatorial an: eine Mitose. Dies geschieht im Umfeld der Sonnengranulationen, die eine sechseckige wabenartige Struktur aufweisen. Zellteilung in einem Zellenmeer? Ist die Zellteilung in der Sonne als Urphänomen angelegt?

Am Rande der Sonne sind die Protuberanzen sichtbar – ein Bild, dem ich hier auf der Erde in der Blüte der Sonnenblume immer wieder begegne! In den Kronblättern sehen wir die Protuberanzen, und die Lebendigkeit in den Sonnengranulationen kann am besten verglichen werden mit den auf der

Sonnenblume herumkrabbelnden Bienen. In die Bienen fließt die Weisheit des Sonnenlichtes, der Wärmebewegungen der Sonne, hinein. Die Bienen bilden sich ihre Waben nach dem Vorbild der Sonnengranulationen, so wie auch die Sonnenblume ihren an Waben erinnernden Kernenboden bildet. Darin beginnen sich dunkle Sonnenflecken auszuweiten. Die Blüte wird schwarz, die Kerne werden ölig. Am Rande stehen die ungezähmten gelben Kronblätter, die wilden Protuberanzen der Sonne.

Sonnenblumenöl ist Wärme, saturnisch in Samen verpackt. Die schwarzen Sonnenblumenkerne sind die zurückbleibenden dunklen, strahlungslosen Wärmekonzentrate.

Was sind die Sonnenflecken, vom Geistigen her gesehen? Sie sind die zurückgebliebenen Wesen des «Alten Saturns» auf der Sonne. Es sind zurückgebliebene Archai. Was sind die Protuberanzen? Es sind die zurückgebliebenen Erzengel der «Alten Sonne». Was ist der Lichtschimmer, der uns bei einer Sonnenfinsternis als Korona erscheint? Es leuchten die zurückgebliebenen Engel der letzten Inkarnation unseres noch verbundenen Sonnen-Erden-Wesens, des sogenannten «Alten Mondes». In den aktiven Zonen der Sonne sind also zurückgebliebene Geistwesen tätig, welche mit der jetzigen Sonnenentwicklung fast nicht mehr mithalten können, weshalb sie die Tendenz haben, sich von der Sonne abzulösen. Die runden Bögen der Protuberanzen sind eigentlich schon Planetenbahnen. Auch unsere Planeten vermochten mit der geistigen Entwicklung der Sonnenwesen nicht Schritt zu halten und mußten, um ihre eigene Entwicklung durchmachen zu können, sich von ihr trennen. Für uns Menschen auf der Erde schaffen sie aber mit ihrem Licht und ihrer Wärme eine Verbindung zu den hohen Sonnenwesen. Im Polarlicht können sie uns aufleuchten.

Zurück zu der Sonnenblume: Sie macht im Pflanzenreich genau das mit, was auf der Sonne um die Aktivitätszonen der Flecken herum geschieht. Die Bienen machen die Wärmebewegungen in den Granulationen der Sonnenoberfläche nach – ein gewaltiges Schauspiel in der Sonne, direkt übertragen in Korbblütlern der Natur!

Und nun möchte ich noch ein Ereignis ganz besonderer Art betrachten: die Sonnenfinsternis!

Die Farben sind der Schlüssel zur Welt- und Geisterkenntnis

*

Licht = Gedanken
Finsternis = Willenssubstanz.
Wo Licht und Finsternis sich begegnen, entstehen
Farben = Gefühle.

Fragen an die Farbenwelt – die Farben in Kosmos, Mensch und Natur

Der Kosmos ist farbig! Es gibt rote, gelbe und blaue Sterne; orangefarbene, gelbe, violette Nebelflecken. Es gibt grüne, braune und schwarze, furchterregende Wolkenbilder am Sternenhimmel. Es gibt zärtlichste Rosatöne und frei schwebende weiße Lichtschimmer am Nachthimmel.

Auch Blumen sind farbig: Es gibt rote Rosen, den blauen Himmelsherold, gelbe Arnika, orangefarbene Ringelblumen, lila Mandelblüten, weiße Kirschblüten, violette Malven, schwarze Nachtschattengewächse, immergrünes Immergrün.

Die Wiese träumt farbig, der Kosmos auch. Doch was steckt hinter diesen Träumen, die sich in pflanzliche, tierische und kosmische Schmetterlinge verwandeln? Wovon träumt eine gelbe, eine blaue, eine rote Blume? Was sinnt ein weißer, ein gelber, ein blauer Stern? Was ist das Wesen der Farben in Mensch, Tier, Blume und Stein? Was ist schwarz, was weiß?

Was geht vor sich, wenn das Licht selbst zu leuchten beginnt, ohne Blume, Tier oder Stein zu sein?

Was geht vor sich, wenn Gedanken farbig werden, wenn Sie rosa, lila, violett oder blau denken, oder strahlend gelb?

Jeder einzelnen Farbe widme ich im folgenden ein Kapitel, in dem diese Geheimnisse berührt werden, so daß das, was heilend von den Farben ausgeht, auch verstanden und in der Heilung bewußt verwendet werden kann.

Beginnen wir mit der Farbe *Gelb.*

Gelb: die Strahlkraft des Geistes

Wo immer Gelb leuchtet, strahlt uns Geistiges entgegen. Gelb ist die Strahlkraft des Geistes, der Glanz des Geistigen. Wo sehen wir in der Natur den Geist? In der Sonne. Sonne ist Geist. «In den reinen Strahlen des Lichts erglänzt die Gottheit der Welt» (Rudolf Steiner). Wenn sie uns gelb entgegenglänzt, ist es reiner Geist, den sie über uns ausschüttet. Zu sagen, Gelb sei eine Wellenlänge, ist gleichbedeutend zu sagen, Gott sei eine Wellenlänge (zeitbedingte materialistische Lichtauffassung).

Gelb kann wie jede Farbe frei schwebend, an keinen Körper gebunden, aus den reinen Leuchtkräften des Lichts heraus leuchten. Die Farbe Gelb kann sich aber auch als Licht in der Auseinandersetzung mit der Materie offenbaren: Gelb gibt es als Phänomen in der Auseinandersetzung des Lichts mit feiner Materie bis hin zur festen Materie. Als Sonnenstrahl in der durchlichteten Luft, im Nebel, in der Gischt des Wassers, im Gelb des Regenbogens, im hellgelben Leuchten der Schneedecke. Gelb kommt als Farbphänomen in allen vier Elementen, Feuer, Luft, Wasser und Erde, vor. Gelb kann sich um einen Körper herumlegen oder sich noch tiefer in die Materie inkarnieren – bis zum gelben Stein. Durchsichtiges Gelb leuchtet im Zitrin. Gelb leuchtet, dichter gepackt, im Schwefel. Gelb inkarniert sich bis zum anstreichbaren mineralischen Farbenpigment der Schwermetallfarben: Kadmiumgelb, Wolframgelb, Neapelgelb (Bleigelb) und andere. Ein Sonnenstrahl hingegen läßt sich nicht ohne weiteres fangen und zu Farbe verarbeiten. Die Pflanze jedoch ist dazu zu gebrauchen (Färberpflanzen): Sie kann gelbes Farbpigment bilden, geistiges Gelb zur substantiellen Farbe inkarnieren, das heißt, aus dem Kosmos fangen und verdichten. Pflanzen brauchen dafür viel Zeit, in der sie sich ausschließlich der Sonne hingeben und sich einzig von der Nacht ablenken lassen. (Einige können sich aber in der Nacht über die Pfahlwurzelaugen dem Jupiter hingeben und so indirektes Jupitergelb bilden.) Je inniger diese Hingabe an die Sonne ist, um so schneller können sie das Sonnenlicht einfangen; so die ersten Frühlingsblumen Primeln und Schlüsselblumen, später Johanniskraut, Arnika. Weil diese Kräuter in einer derartigen Vertieftheit die Sonne anbeten, werden sie selbst zum Abbild ihres Ideals, des Sonnengeistes, und so zu Sonnenbringern, zu Herzheilpflanzen. Das Herz ist das menschliche Organ, das auch die Sonne anbetet. Gelbe Heilpflanzen sind Geistbringer und darum antidepressiv, sie stärken den Lichtorganismus.

Eine gelbe Blüte ist ein Gebet zur Sonne.
Ein gelber Fruchtsaft ist Sonnenätherkraft.
Gelber Stein ist Sonnengebein im Erdensein.
Gold ist gelb, ganz rein.

Pflanzen können innerhalb der Jahreszeiten das Gelb zum Pigment verdichten. Steine brauchen Jahrtausende, einen platonischen Jahresablauf oder mehrere von ihnen. Das sind, wie schon erwähnt, Sonnenläufe über 25 800 Jahre hinweg, während deren der Frühlingspunkt durch alle Sternzeichen hindurchwandert. Die Inkarnationszeit bis zum Steinpigment, bis zur Mineralfarbe, dauert somit sehr lange. Die Mineralien selbst sind auch verdichtetes kosmisches Licht. Die schweren Elemente des Periodensystems haben schon etliche Inkarnationsrunden hinter sich, denn jede neue Zeile im periodischen System der chemischen Elemente benötigt ein platonisches Jahr mehr, um sich zu bilden. Im Periodensystem haben wir die Inkarnationsspirale vom Licht zur Materie vor uns. In dieser Inkarnationszeit stirbt eigentlich das Licht in die Schwere. In ihrer eigenen Schwere beginnen dann die Elemente der untersten Zeile zu strahlen. Materiestrahlung ist Erlösung von zurückgehaltenem Licht. Solche Strahlung kann selbst wieder Materie zum Leuchten bringen. Zum Beispiel kann Zinksulfid durch radioaktive Strahlung angeregt werden, gelbgrün zu leuchten (radioaktive Farben von Leuchtzifferblättern). Bei fluoreszierenden Farben wird unsichtbares, kosmisches, ultraviolettes Licht in die Sichtbarkeit, in die Sinnenwelt heruntergezogen, etwa durch Fluorit, aber auch durch andere Mineralien, die fluoreszieren. Bei den phosphoreszierenden Mineralien wird das Licht gefangen und kann eine Zeitlang zurückbehalten werden, wie das von den Phosphorleuchtfarben her bekannt ist. In der tief wirksamen, die Seele frei machenden Maltherapie werden aber am besten Pflanzenfarben verwendet, weil diese noch sehr lebendig sind und bei ihnen die Farben noch lockerer an der Substanz haften. Ihr Leuchten ist noch ein aurisches.

Was sehen wir, wenn uns Gelb entgegenleuchtet

- *von den Sternen*? Wir sehen die Kraft des Lichts frei oder mit Materie verwoben leuchten. (Zu sagen, ein Glühdraht oder ein Neongas leuchtet, ist strenggenommen falsch und führt zum Lichtmaterialismus. Richtig ist es, zu sagen: Wir sehen Licht an der Stelle leuchten, wo wir auch Neongas oder einen Draht finden. Licht kann sich vom Gas loslösen!) – Uns strahlt im Gelb der Sterne Geistiges der mit ihnen verbundenen Wesenheiten entgegen.

– *von den kosmischen Nebelflecken*? Geistiges im Ätherischen des Kosmos.
– *von den Blumen*? Die Strahlkraft des Geistes von Sonne und Jupiter.
– *von den Steinen*? Den Glanz des Geistes.
– *aus den Augen*? Den Geist leuchten!
– *im Traum*? Wir werden vom Geist geküßt. Gelb ist das Gewand des Geistes im Traum.

Was bewirkt *«gelb» denken*? Gelb denken bedeutet Geist schenken.

Eine Farbdiagnose am Menschen: Der Mensch als räumlich abgeschlossenes Wesen, das seinen Geist ganz einverleibt, inkarniert hat, nimmt die äußere Farbstrahlung zurück und verinnerlicht sie im Lichte des Denkens. Dieses Zurückziehen der Ausstrahlung ist graduell: Ein Kind strahlt noch von selbst, ein Erwachsener gewollt. Kommt es dennoch bei Krankheit zum farblich getönten Hautschein, zum Beispiel bei der Gelbsucht zum Gelbschimmer, so ist das das Zeichen, daß sich Geistiges vom Menschen, hier vom Blut, loslöst, denn *Gelb ist die Strahlkraft des Geistes.*

Wir fahren weiter mit Blau. Was ist sein Wesen?

Blau: die Strahlkraft des Seelischen

Im Blau strahlt uns das Seelische entgegen. Blau ist die Strahlkraft der Seele. Die Aura von Tieren, dieser seelenbegabten Wesen, ist blau. Blau ist die durchsonnte Luft, im dunklen Sternenhimmelsgrund gesehen. Die Luft selbst ist Substrat des Seelischen, ist stickstoffhaltig und wie Eiweiß aufgebaut. Beseelte Wesen bilden Eiweiße, wie die Tiere in ihrem Fleisch. Luft hat die gleiche Zusammensetzung wie Eiweiß: CONH (Kohlenstoff, Sauerstoff, Stickstoff und Wasserstoff). Luft ist eigentlich zerfallenes Eiweiß, ist Substrat des Seelischen. Die blaue Himmelsluft ist das physische Widerlager des Seelischen. Ohne Seelendynamik kein Blau. Wo Blau ist, war oder ist noch Seelisches schöpferisch tätig. Zu sagen, Blau sei eine Wellenlänge, ist gleichbedeutend wie die Aussage, die Seele sei eine blaue Schwingung. Ein Wesen kann etwas in Schwingung versetzen, ist aber selbst viel mehr als diese Schwingung! Blau entsteht dadurch im Regenbogen, im Prisma, daß sich Elementarwesen des Seelischen scheu zurückziehen.

Daher erscheint die blaue Farbe im Spektrum des Lichts auf weißem Hintergrund wie eine Vertiefung, wie dreidimensional zurückweichend. Blau gibt Raum und bedrängt nicht.

Blau kann wie jede Farbe an einem Körper haften oder sich auch frei, als Gedanke schwebend, im Raum bewegen. Blau kann aus seiner reinen seelischen Leuchtkraft heraus glänzen. Das Blau des Himmels läßt sich nicht ohne weiteres einfangen. Ein Kubikmeter Himmel gibt noch kein Blau her. Pflanzen sind hier jedoch Lichtkünstler. Die Wegwarte fängt sich das Blau des Morgenhimmels jeden Tag neu ein. Der Himmelsherold ist selbst holder Himmel, Enzianblau ist Berghimmelblau, das Vergißmeinnicht ist Seelenlicht. Blaue Sterne, blauer Himmel, blaues Wasser, blauer Stein: In allen vier Elementen findet sich Blau; auch die Flamme hat ein Seelenleben genau dort, wo sie blau ist. Bei Färberpflanzen kann sich das Blau bisweilen unsichtbar in der Wurzel verstekken. Durch das Vermischen des Wurzelsaftes der Indigopflanze mit Knabenurin, Urin im seelischen Wandel der «Pubertät», kann das Blau, der Glanz des Seelischen, hervorgeholt werden. Wo Stickstoff ist, wird Seelisches angelockt. Seelenwesen machen gar selbst Stickstoff, sie inkarnieren Seelisches zur Substanz des Stickstoffs. Stickstoff ist somit der Anker in vielen organischen und anorganischen Farbverbindungen für das unsichtbare Seelische, das dann aus dem Pigment blau leuchtet. Lazulith und Azurith sind Seelenheilsteine. Ist im Blau des Türkis das Vergißmeinnichtblau, im Lapislazuli das Enzianblau versteinert? Mineralische Pigmente sind im Laufe des platonischen Jahres «versteinerte» Farben. Blaue Steine, blaue Blumenblätter können zur Beruhigung auf Akupunkturpunkte gelegt oder geklebt werden. Blaues Licht beruhigt entzündliche Erscheinungen. Blaues Licht heilt Gelbsucht bei Neugeborenen. Ganz neu auf der Welt befindliche Geschöpfe können das Geistige oft noch nicht fest im Blut zurückhalten. Unter gelber Ikterusausstrahlung will es sich vom Körper lösen. Dieses kann aber durch das Blau seelisch aufgefangen und so besser inkarniert werden. Blau beruhigt und leitet den Tag in die Nacht über.

Eine blaue Blüte ist ein Gebet zum blauen Himmel.
Ein blauer Saft ist Seelenkraft.
Ein blauer Stein ist Seelengebein im Erdensein.

Was sehen wir, wenn uns Blau entgegenleuchtet

– *von den Sternen?* Wir sehen im Blau des Sternenlichts das Seelische der mit ihnen verbundenen Wesenheiten.
– *von den Blumen?* Die Strahlkraft des Seelischen, das sie in der Blüte berührt und das uns anstrahlt.
– *von den Steinen?* Den Glanz des Seelischen.
– *in den Augen?* Die Seele strahlen!
– *im Traum?* Wir begegnen beseelten Wesen, oder wir werden von Seelischem berührt. Blau ist das Gewand des Seelischen im Traum.

Was bewirkt *«blau» denken?* Blau denken bedeutet Seelenraum schenken.

Eine Farbdiagnose am Menschen: Der blaue Schimmer am Menschen entsteht dann, wenn Seelisches entweicht. Das ist der Fall beim Blaublüter, wo das Seelische schon halb entwichen ist. Beim Alkoholiker, der blau wird, kann es direkt miterlebt werden. Seelenregung ist immer auch Bewegung! Daher, wenn sich das Seelische löst, steht alles still, das Blut stockt und wird blau, unter anderem bei Unterkühlung, bei Bewegungsarmut, bei Kreislaufstau (blaue Lippen), in Krampfadern und bei Sterbenden. Warum? Weil *Blau die Strahlkraft des Seelischen* ist!

Lassen wir uns jetzt vom Rot überwältigen.

Rot: die Strahlkraft des Lebendigen

Wer sich ins Rot begibt, begibt sich ins Leben, denn Rot ist der Glanz des Lebens, die Strahlkraft des Lebendigen. Im Rot strahlt uns des Blutes Lebenskraft entgegen. Schön rotes Blut ist lebendiges Blut. Rotlicht ist das Licht des Lebenspols. Rot entsteht im Prisma, im Regenbogen dadurch, daß sich Wesenheiten mutig in die Welt, ins sinnliche Leben stürzen. Daher kommt es, daß das Rot im Farbenspektrum, auf eine flache Wand projiziert, den Eindruck erweckt, es komme auf einen zu, die Wand beuge sich vor. Daß sich die Wesen äußerst mutig dem Leben entgegenwerfen, sieht auch der Stier. Stiere und auch andere Tiere nehmen wahr, wie sich diese Elementarwesen ihnen entgegenwerfen und eine Attacke auf ihr Blut machen. Rotlicht zerstört die Blutkörperchen in den Gefäßen des Auges. Der Kreislauf muß diese Zerstörung wieder wettmachen, und die Augen werden rot vor Wut. Tragen sensible Menschen während weniger Minuten eine rote Brille, werden sie rasend, Blutdruck und Puls steigen – eine Therapiemöglichkeit, um Puls, Blutdruck und Atmung anschwellen zu lassen, eine Möglichkeit, die Blutbildung anzuregen!

Ohne Lebenskraft und Lebenssaft kann sich auch kein Rot manifestieren. Rote Wangen, rotbackige Äpfel strahlen viel Lebenskraft aus. Zu sagen, Rot sei eine Wellenlänge, kommt der Aussage gleich, eine Welle allein sei Leben. Das Leben bringt allerlei zum Wogen, ist aber selbst viel mehr als Welle.

Wellen werden immer nur mitgerissen. Zu sagen, Rot sei ein Partikel, ist eine Verkennung der Reihenfolge der Inkarnationsprozesse: aus Licht wird Holz, Holz kann wieder in Licht verwandelt werden durch das Feuer. Im Feuer bleibt die Asche übrig (Pottasche). Potassium ist Holzaschenelement, ist das gleiche wie Kalium. Kaliummetall kann selbst auch wieder in Licht zurückverwandelt werden. Zum Glühen und zum Strahlen gebracht, gibt Kalium rotes Licht, im Spektrum rote Linien. Erst war das Licht von Leben, dann die Pflanze von Kalium durchdrungen. Dieses wiederum kann in Partikel zerlegt werden, die durch Verbrennen zum Licht zurückkehren. Richtig ist es zu sagen, Partikel bestehen aus Licht, und nicht umgekehrt, Licht sei ein Partikel. Dies bedeutet, etwas vorher Existierendes durch etwas zu erklären, was sich im nachhinein entwickelt hat. In jedem Versuch, das Leben, die Seele und das Licht, die Sterne, den Kosmos und den Menschen durch Totes, Materielles zu erklären, steckt so ein fataler logischer Irrtum der Reihenfolge. Wenn die Physik einmal genauer werden wird, wird sie ihre Gesetze als erstarrte Lebensprozesse, als Produkt und nicht als Ursache des Lebens erkennen. Naturgewalten, archaische Kräfte werden sich als Gedanken von Erzengeln, Archai und noch höheren Wesen entpuppen.

Pflanzenwesen sind reine Lebewesen. Kalium ist ein Element des Pflanzendaseins und strahlt aus diesem Grund in seinem Licht rote Lebenskraft aus. Wir sehen sie uns im Rot entgegenstrahlen.

Rot kommt im Himmel, im Feuer, in Luft, Wasser und Erde vor.

Rot kommt frei im Raum als Gedanke schwebend, an keinen Körper gebunden, oder auch in Pigmenten verkörpert vor. Mineralische rote Pigmente sind Zinnober, Realgar; zu den tierischen gehören das Scharlachrot der Cochenille, Pur-

purschneckenfarben und anderes. Alle vermitteln, als Homöopathikum eingenommen, Lebenskraft und erlösen dadurch den Körper von einer zinnoberroten, realgar- oder cochenillefarbenen Entzündung.

Rot befeuert und läßt den Menschen sich ins Leben stürzen, wenn ihn nicht sein gelber Geist zügelt.

Eine rote Rose ist ein Geschenk ans Leben. Ein roter Saft ist Lebenskraft: Randensaft für das Blut, orangeroter Karottensaft für die Nerven.

Was sehen wir, wenn wir Rot sehen
- *in den Sternen?* Die Lebenskraft der mit ihnen verbundenen Wesenheiten.
- *in Abend- und im Morgenrot?* Lebensbrunst der Elementargeister.
- *in den Blumen?* Uns entgegenstrahlende Lebenskraft.
- *in den Steinen?* Den Glanz des Lebendigen.
- *in den Augen?* Aufgepaßt: entfesselte Lebenskraft!
- *im Traum?* Rot! Rot ist das Gewand des von Seele und Geist entblößten Lebendigen.

Was bewirkt *«rot» denken?* Rot denken ist Leben schenken.

Eine Farbdiagnose am Menschen: Der gesunde Mensch kann seine Strahlkraft zurückbehalten und innerlich metamorphosieren. Bei Krankheit löst sich aber ein roter Schimmer, wenn Lebenskraft nach außen entweicht. Beim Wütendwerden, Rotweintrinken, Erröten. Warum ist das Blut rot?

Weil *Rot der Glanz des Lebendigen* ist.

Wir wollen uns nach einem kurzen Kapitel über die drei Grundfarben und die drei Bildfarben am Grünen erlaben.

Vom Strahlenwesen zum Bildwesen der Farbe

Das waren die sogenannten «Glanze», die Grundfarben, durch die Geist, Seele und Leben direkt auch in die Sinneswelt hineinstrahlen. Es folgen nun sozusagen die Abglanze der drei Glanze, die sich auch noch zeigen, wenn die Grundfarben nicht direkt zum Vorschein kommen können. Wie bemerken wir am Physischen, daß es belebt ist? Wie sehen wir Lebendigem an, daß es beseelt ist? Wie erkennen wir am Seelischen, daß es von Geist berührt wird? An den Farben! Die drei in den nächsten Kapiteln beschriebenen Farben Grün, Rosa (Pfirsichblüte) und Weiß sind die «Schattenwürfe» der Farben einer höheren Ebene in eine tiefere, der Abglanz der drei Glanze in jeweils eine der unteren Schichten. Es sind die drei Sekundärfarben. Bildet sich das Lebendige im Physischen ab, wird Rot als Grün ersichtlich. Bildet sich Seelisches im Lebendigen ab, so äußert sich Blau als Rosa. Zeigt sich Geistiges im Seelischen, metamorphosiert das strahlende Gelb zum reinen Weiß. Grün, Rosa und Weiß sind die Projektionen vom Lebendigen, Seelischen und Geistigen auf Körper, Lebensleib und Seele.

Das geschieht in den Naturreichen, im Mensch und Kosmos. Farben werden, so gesehen, zu Ereignissen, zu Begegnungen von Wesenheiten.

Grün: der Schattenwurf des Lebendigen ins Physische

Wo ist das Grün in der Natur zuhause? Grün gehört zur Pflanzenwelt. Kräuter, Sträucher und Bäume und alle Pflanzen im Wachstumsstadium sind grün. Werden sie im Laufe der Jahreszeiten aber vom Seelischen der Atmosphäre, vom Wind oder vom Geist der Sonne berührt, werden die Wachstumskräfte metamorphosiert. Grün verwandelt sich in die Blütenfarben, und das Wachstum stagniert. Zuerst ist die Pflanze grün, dann zündet die Sonne sie an, und die Blütenfarben entstehen. Eine Blume ist, so betrachtet, ein lebendiges Feuer, das im Zeitlupentempo über die Jahreszeiten hinweg verbrennt. Blumen sind lebendige Kerzen. Im Herbst die verbrannte Erde, im Frühling das frische Grün, das Zukunft in sich birgt, weil noch Früchte daraus gedeihen können. Wie sehen wir einer Pflanze an, ob sie noch lebt, wie es ihr geht, wenn wir nach langer Zeit der Abwesenheit wieder nach Hause kommen? Ist sie braun, dann steht es nicht mehr gut um unser Gewächs. Ist es hingegen grün, dann ist noch Leben vorhanden! Grün ist das Zeichen des Lebendigen am Physischen! Grün ist die indirekte Manifestation des Lebens, wenn dieses sich nicht direkt strahlend rot zeigen kann. Grün ist in der Mitte des Regenbogens «zuhause». Es sticht im Spektrum weder räumlich hervor, noch zieht es sich zurück. Durch Grün fühlt man sich daher weder bedrängt noch verlassen. Im Grün fühlen wir unser Ich. Grün ist erholend, neutral und doch lebenversprechend, weil es noch Zukunft in sich trägt. Leben ist die Fähigkeit, sich aus sich selbst hervorzubringen. Grün ist die Oase des Lebendigen. Zu sagen, ein Blatt sei grün, weil die anderen Farben im Spektrum absorbiert werden, ist eine materialistische Farbanschauung und im Lebendigen mit der Aussage zu vergleichen, daß jemand nur dadurch gescheit spricht, weil das Dumme zurückbehalten, absorbiert werde.

Ein Problem unserer Physik besteht darin, daß wir nicht lebendig im Gesamtzusammenhang zu denken gelernt haben. Solche bilanzartigen wesenlosen Theorien, die den Phänomenen der Lebenswelt widersprechen, könnten sonst nicht angenommen werden. Daß das Sonnenlicht von Elementarwesen ergriffen wird, deren Tätigkeit sich in Farben zeigt, wurde bereits erwähnt. Die Auffassung, das Sonnenlicht sei die Mischung der Spektralfarben, ist nicht haltbar. In der Physik läßt man farbiges Licht von allen Seiten in eine weiße Kugel einstrahlen. Dabei entsteht Grau und nicht Weiß. Wird jedoch die Leuchtkraft verstärkt, bis der Betrachter vom Grau geblendet wird, hat er den Eindruck von Weiß. Das sind aber Manipulationen. Farben sind Neuschöpfungen im Prisma und vor dem Prisma noch nicht im Licht vorhanden. Das Sonnenlicht, das Gotteslicht ist einheitlich, wogegen die Farben zusammengesetzter Natur sind. Sie sind aus Licht und Finsternis gewoben. Wo sich kosmischer Wille mit kosmischen Gedanken trifft, entstehen Gefühle. Diese Gefühle zeigen sich uns als Farben. Grün kommt frei schwebend als Gefühl und somit an keine Materie gebunden vor, kann sich aber auch um Gegenstände legen, in sie eindringen und zum grünen Pigment, zum anstreichbaren Grün werden. Grün gibt es am Himmel und in allen vier Elementen unserer Erde. Es gibt grüne mineralische Erde, Grünstein, Malachit, Smaragd, grünen Halbedel-

und Edelstein. Ein über die platonischen Weltenjahre hinweg inkarniertes Gesamtfarbenspektrum mit Grün in der Mitte ist der Turmalin. Das Viridiangrün in der Mitte ist das Ichempfindungsgefühl. Turmalin ist «versteinerter Regenbogen», ist Stein gewordenes Spektrum. Betrachte ich im Fernrohr durch Glasprismen die Sterne des Himmels, so sehe ich die verschiedensten Turmalinvarianten im noch lichten astralischen Zustand. Finden wir darin Grün, ist das ein Zeichen lebendigen Wesens im Kosmos. Daß der Kosmos ein Wesen auf mindestens derselben Entwicklungsstufe ist wie der in ihm wohnende Mensch, ist eine rein logische Gedankenfolge. Somit ist es auch vernünftig anzunehmen, daß der Kosmos verschiedene Wesensglieder hat. Der Kosmos ist also lebendig, durchseelt und mit Geist durchkraftet. Dort, wo wir Licht sehen, ist Vergangenheit. Wir sehen dort die Gedanken vergangener kosmischer Taten der Hierarchien. Dort, wo Finsternis herrscht, waltet kosmischer Wille, aus dem die Zukunft wächst. Dieser Wille kann sich in gewissen Gebieten zu Materie verdichten. Materie ist, geistig gesehen, Wille; Licht ist Gedanke! Dort, wo wir Sterne sehen, sehen wir Licht, und damit ist noch lange nicht gesagt, daß dort auch Materie anwesend ist. Denn Licht kann ohne Materie leuchten. Die Materie im Lebewesen Kosmos ist nur für den Materialisten das Wichtigste. Interstellare Materie zeigt sich in den gespenstisch anmutenden, phantastischen neuen Aufnahmen des Hubble-Teleskops: dämonisch braunschwarz, am Rande teilweise grün verfärbt.

Was sehen wir aber, wenn wir Grün sehen

– *an den interstellaren Materienwolken?* Wir sehen Lebenskräfte, Zukunft in sich bergend, Sternenlicht gebärend. Kein Ereignis am Himmel ohne dazugehörige geistige Tat!

– *in den Sternen, in Kometen?* Ein Bild der Lebenskraft in den sie bewohnenden Kolonien geistiger Wesenheiten.
– *an Kräutern, Sträuchern und Bäumen?* Lebenskraft, die noch Zukunft und somit Hoffnung in sich birgt.
– *in den Steinen?* Rest von Lebendigem im Toten.
– *in den Augen von Tieren, in ihrer Haut?* Lebenssaft. Grün ist die Eidechse, der Frosch, der noch fast vegetativ lebt. Das Grün von Tieren und Pflanzen empfinden wir als Giftgrün, wenn es beseelt ist.
– *im Traum?* Grün ist das Gewand physisch wachsenden Lebens.

Was bewirkt *«grün» denken?* Zukunft und Hoffnung schenken, weil Grün die Farbe des Wachsenden ist.

Eine Farbdiagnose am Menschen: Der gesunde Mensch kann seine Strahlung zurücknehmen. Ärgert sich jemand grün, so kann dies nur geschehen, wenn er außer sich gerät, so daß Seele und Geist nicht zurückfinden und nur Leben und Körper zurückbleiben. Das noch Lebendige am Körper ist sein Grünschimmer. Er wird gleich in Ohnmacht fallen, weil die weckende Seele entflieht! Grün wird der Mensch bei Übelkeit, grün ist der Gallenpatient. Heilen kann man solches sinnvoll durch Entfernen der «Laus», die über die Leber kriecht und dort den Lebenssaft aussaugt: durch Verständnis entgegenbringen, durch Seelenberuhigung und Liebe schenken.

Wie entsteht Grün? *Grün ist das Bild des Lebendigen im Physischen.*

Freuen wir uns jetzt auf all das, was uns rosa entgegenschimmert.

Rosa: das Bild des Seelischen im Lebendigen

Das lebendige Bild des Seelischen betrachten wir im Rosa, im «Pfirsichblüt», wie die Farbe der Pfirsichblüte manchmal genannt wird. Auch die Haut eines Säuglings sollte, wenn er gesund ist, diese Farbe haben. Sie ergibt sich dadurch, daß sich das Geistige noch zurückhält und das Lebewesen nur erst zart vom Seelischen berührt wird. Im Lebendigen strömen die Säfte ununterbrochen. Seelische Regung geschieht im Unterschied dazu in Zusammenziehen und Loslassen. Berührt die Seele das Leben, so beginnt das, was erst nur gleichförmig dahinströmte, zu pulsieren. Puls ist Unterbrechung, dann wieder Lebensfluß. Leben strahlt rot. Seele unterbricht, und es schimmert so nur rosa durch die Haut eines beseelten Geschöpfs als Ausdruck pulsierenden Lebens. Rosa ist die Farbe des menschlichen Inkarnates. In den Blüten des Pfirsichbaums wird der Lebenssaft auch zart von Seelischem erfaßt und läßt die Blüte rosa schimmern – so auch in der Malve, dieser wunderbaren Haut- und Schleimhautheilpflanze.

«In rosa, l'amor si posa» «Im Rosa läßt sich die Liebe nieder» lautet ein italienisches Sprichwort. Ist dies nicht das Geheimnis der Liebe, die das Leben mit einem zarten seelischen Schleier umhüllt?

Wenn Sie Ihre Katze verloren haben, so hüllen Sie sie in Gedanken in eine rosa Wolke, um sie nach Hause zu lenken. Denken Sie an Ihre Lieben in Rosa!

Farben kommen frei im Raum schwebend, hellsichtig erkennbar, aber auch, mit den Sinnen wahrnehmbar, an Gegenständen und sie durchdringend vor: im Rosenquarz und, etwas tiefer inkarniert, verdunkelt, der Nacht zugewandt, im Amethyst. Mangan, dieses Eisen der Haut, ist das zwischen Seele und Leben vermittelnde Metall, dessen Lichteigenschaften in Rosenquarz und Amethyst mit hineinspielen. Es gibt zwar Rosafarbpigmente *(Terra rosa),* aber eigentlich ist Rosa fast zu zart, um sich zum lichtundurchdringlichen Mineral zu verfestigen. Rosa ist in der Blüten- und Seelenwelt zu finden. Wo Rosa ist, kümmert sich Seelisches liebevoll um Lebendiges.

Was betrachten wir, wenn unser Auge oder unsere Seele rosa empfindet

– *an kosmischen Nebelflecken?* Das Farbbild des Seelischen im Ätherleib des Nebels.
– *in den Sternen?* Seelisches, das sich im Stern um Lebendiges kümmert.
– *in den Blüten?* Seele, Leben berührend.
– *im Stein?* Von Seele berührten, erstarrten Lebensschein.
– *im Tier?* Ausdruck der Beseeltheit.
– *im Traum?* Geborgenheit, seelisches Zugeneigtsein.

Was bewirkt *«rosa» denken?* Zuwendung schenken.

Eine Farbdiagnose am Menschen: Rosa ist die gesunde Farbe der hellen Haut. Rosa bedeutet, durchseelt und belebt sein. Denn was ist die Bedingung dafür, daß die Welt in Rosa erscheinen kann? Wir finden das Geheimnis in der Aussage von Rudolf Steiner:

Rosa ist das lebendige Bild der Seele.

Was braucht es, damit sich die Welt in Weiß zeigen kann? Das wollen wir im nächsten Kapitel verfolgen, das Sie jetzt vielleicht auch selbst schreiben könnten, sind die Phänomene der Natur doch allen zugänglich!

Weiss: das seelische Bild des Geistes

Weiß ist das, was wir im Seelischen als Bild der Geisttätigkeit wahrnehmen. Weiß ist der Schüler im Examen. Weiß ist die Birkenrinde. (Dazu das Kapitel in meinem Buch *Unerhörtes aus der Medizin,* Hallwag Verlag, 1989.) Lebendiges Denken beschränkt sich nie auf Wellen oder Modelle. Lebendiges Denken und Erkennen schweift vom Stern zum Stein. Lebendiges Denken ist ein weißer Komet, der vom Himmel auf die Erde zukommt! Lebendiges Denken ist frei wie der Komet, der seine Bahn frei wählt und auf dem die höchsten und erhabensten Wesenheiten, die Cherubim, reiten. Mit Ihrem lebendigen Denken unterstehen Sie direkt diesen erhabensten Wesen im Kosmos, denn die Freiheit ist höchstes Gut. Kosmische Eingriffe durch Kometen sind immer frei getroffene Entscheidungen. Lebendiges Denken ist ein weißer Komet, weiß wie Schnee! Weiß ist das Licht dann, wenn es seelisches Abbild des Geistes ist. Damit Weiß erscheinen kann, muß Geist tätig sein. Im Seelischen erscheint er weiß. Direkt strahlt er gelb. Weiß ist der vom Geist ergriffene Student. Geist ist Feuer – wie dieses verbrennend. Das Geistfeuer verbrennt die Natur zu weißer Asche. Warum ist die Birke weiß? Weil sie Geistiges anzieht, das sie ergreift und das ihre Rinde in einem ätherischen Feuer zu weißer Rindenasche versengt. Geist packt zu. Gedanken von Geisteskraft lassen sich nicht einfach so abschütteln. Sie brennen, verzehren den Lebenssaft, die Reserven. Wenn der Mensch nicht in gesundem Schlaf den Geist wieder loslassen kann, wird er bleich und blaß und blutarm. Der Geist verzehrt den Äthersaft des Blutes, die Lebenskraft. Das Herz in der Zusammenziehung, in der Systole, ist schneeweiß, weil geistergriffen. Weiß entsteht, wenn sich in der Seele nur noch Geist und kein Leben mehr zeigt. Weiß ist rein, weil Blut und Vererbungskraft verdrängt sind. Weiß ist das seelische Bild des Geistes.

Wer glaubt, Weiß sei die Summe der Farben, kann ein einfaches Experiment machen: Sie lassen die Sonne durch ein Prisma leuchten, so daß auf der anderen Seite die Spektralfarben entstehen. Dann schlagen Sie ein Schulbuch auf, wo das gezeichnet ist, üblicherweise als Lichtstrahl dargestellt, der sich in die Farbenstrahlen ausfächert. Würde diese Zeichnung stimmen, könnten Sie von einer Farbe her durch das Prisma zurückschauen und nur noch die farblose Sonne sehen! Was sehen Sie aber dabei wirklich? An den Lichtkanten die hellen und die dunklen Regenbogenfarben! Da kann etwas mit diesen didaktischen Zeichnungen nicht stimmen. Das Problem besteht nämlich darin, daß es Licht als Strahl gar nicht gibt! Es handelt sich immer um Lichtflächen, die rechts und links von Finsternis begrenzt sind. Durch das Prisma wird diese Finsternis vor das Licht getragen, was auf der hellen Fläche zu Rot, Orange und Gelb führt. Das Prisma trägt jedoch auch die Helligkeit des Lichtspaltes vor die dunklen Partien des Spaltrandes, was dort zum dunklen Teil des Regenbogens führt: zu den Farben Blau, Indigo und Violett. Das Licht darf nie als Strahl oder gar gewellte Linie dargestellt werden, denn solches gibt es in der Natur gar nicht. Das hat schon Goethe erkannt, als dieser genaue Denker feststellte, daß Newtons Überlegungen falsch sind! Machen Sie es sich zum Hobby, die Physik- und Chemiebücher mit Rotstift durchzuarbeiten;

sie sind voller Fehler! Es werden, aus sogenannten didaktischen Gründen, Theorien statt Phänomene dargestellt. Es wird nach Theorie berechnet, nach Graphik gedacht, statt auf die Phänomene geschaut, die so oft die Theorien umwerfen. Das Phänomen der Homöopathie wirft in hohem Bogen das Wirksubstanzmodell aus allen Chemie- und Pharmakologiebüchern hinaus. Wer wissenschaftlich ist, läßt sich vom Phänomen belehren, egal, ob es bequem verdaubar ist oder nicht.

Die Wissenschaft muß weiß und rein, das heißt geistdurchdrungen bleiben, vom Ego im Blut unberührt. Nähere ich mich einem Menschen, einem Phänomen der Natur in weißen Gedanken, in innerlich weißem Kleid, so habe ich keine Vorurteile. Mein Seelisches ist so noch ungefärbt, unberührt von den tieferen Wesensgliedern, von Körper und Lebensdrang. Eine weiße Seele ist farblich nicht getönt. Weiß ist die Friedenstaube, die hoch oben über Land und Leben, über Körperzwang und Lebensdrang hinwegfliegt, diese nicht bis zu sich aufsteigen und sich nur von oben durch den Geist leiten läßt. Echte Wissenschaft ist eine Friedenstaube, denn Wahrheit macht Frieden im Körper und heilt die physischen Krankheiten der Menschen.

Und nun das bereits bekannte Quiz:
Was begegnet uns
– *im weißen Licht?* Geist.
– *im Weiß der Sterne, der Galaxien, der Nebel, der Sternhaufen, des Kometenschweifs?* Geist.
– *in der weißen Lilie?* Nur von Geist berührtes Seelisches.
– *im weißen Fell des Eisbären?* Arktischer Geist, die Bärenseele berührend.
– *im weißen Marmor, in Kreide und zuckerkörnigem Dolomit, im Schnee?* Geist, ins Feste abgedrückt.

– *in den weißen Wolken?* Noch liebes Wetter.
– *im weißen Gebein?* Das harte Widerlager eines beseelten Wesens für den Geist. Knochen ist durch Geist ausgepreßter Rest von beseelten Lebewesen.
– *im Weiß des Traumes?* Geistiges Licht.

Eine Farbdiagnose am Menschen: Wenn der Geist bis ins Erdorgan Lunge den Lebenssaft auspreßt, wird der Mensch lungenkrank und weiß, Knochen werden hart und splittrig. In der Lunge finden lebendige Veraschungsprozesse statt. Wird der Lebenssaft dort jedoch aufgezehrt, kann die Asche nicht mehr lebendig ergriffen werden und lagert sich ab. Sklerose entsteht physisch, Zwangskrankheiten entstehen psychisch (Gedankenablagerungen). Wer seine Gedanken nicht loslassen kann, hat ein lebensgeschwächtes Lungenorgan! Krankhaft weißer Teint ist Ausdruck davon. Warum werden diese Leute weiß? Weil in der Seele nur noch Geist anwesend ist.

Weiß ist das seelische Bild des Geistes.

Und wie steht es mit Schwarz? Lesen Sie dazu das nächste Kapitel.

Schwarz: das geistige Bild des Todes

Schwarz ist der Schatten. Schwarz ist die Hand gegen die Sonne, im Gegenlicht, vor den Geist gehalten. Schwarz sieht ein Körper dann aus, wenn er undurchsichtig ist, wenn er Dunkelheit in sich birgt. Dunkelheit ist Todesmacht, im Kosmos und auf der Erde. Dunkle Wolken von interstellarer Materie ziehen vor Sternenlichter und verschlucken sie. Wo Dunkelheit sich verdichtet, wird gestorben. Wo gestorben wird, entsteht Schwere (Gravitas). Wo Leben ist, herrscht Leichte (Levitas). In den Schulbüchern wird die Levitas neben der Gravitationskraft immer vergessen. Wie der Apfel auf den Baum kommt, scheint die Physik nicht zu interessieren, nur wie er herunterfällt. Gravitationskraft findet sich nur dort im Kosmos, wo gestorben wird. Die übrigen Teile des Kosmos sind raumlos und daher nicht mit Lichtjahren zu durchmessen. Sterben ist Verdichten zu Raum, ist physisch Wachsen in der Zeit. Genaugenommen erstirbt der kosmische Mensch während der Schwangerschaft und während des nachfolgenden Lebens zu Erde. Unser ganzes Schwangerschafts- und Lebenswerk ist Erdbildung aus dem Geiste. Solche Erde ist das Kostbarste, was es gibt, denn es handelt sich um originäre Materiebildung. Der menschliche Leib wird durch weitere Läuterung in der Zukunft zum Geistedelstein! Jetzt wirft er noch Schatten, seine Materie verdeckt noch den Geist. Doch wo Schwarz ist, muß auch Licht sein, denn kein Schatten existiert ohne Licht. Was tragen Jugendliche mit sich herum, wenn sie sich schwarz kleiden? Viel Licht, potentielles Licht.

Schwarz ist die Kohle. Schwarz gähnt die Höhle. Schwarz sind die Pupillen. Schwarz kommt auch als Malfarbenpigment vor. Im Elfenbeinschwarz *(Yvory black)* entsteht das Schwarz aus dem Weiß durch Verkohlung. Schwarz ist der Teer, aus dem fast alle synthetischen Stoffe, Farben und Medikamente hergestellt werden (Teerchemie). Im Teer haben wir inkarnierten Schatten vor uns.

Todesmacht und Dunkelkraft finden sich auch im Kosmos. Photographieren wir den Sternenhimmel mit den viel Licht sammelnden Fernrohren, findet man den ganzen Himmel dicht übersät mit Lichtpunkten. Der Nachthimmel ist überall sternenhell erleuchtet. Wir sehen das Licht noch nicht überall, aber es ist da! Wir brauchen noch die Nacht, denn der ständig anwesende Geist würde uns verzehren. Wo ist Schwarz im Kosmos zu finden? Nur an fester, gestorbener Materie. Ist der Raum dann voller Schatten, wenn ein Stern vor einem anderen steht? In den Astronomiebüchern wird die Mondfinsternis dargestellt, indem ein Schattenkegel von der Erde ins Weltall gezeichnet wird, in den der Mond «hineinläuft», und dann wird er dunkel. Was ist falsch dabei? Sichtbaren Schatten gibt es erst in der Auseinandersetzung des Lichtes mit der Materie. Also nicht zwischen den Sternen! Schatten entsteht nur auf der Erdrückseite und auf der Mondoberfläche. Damit Schatten entsteht, braucht es Materie. Im Raum zwischen Erde und Mond Schatten zu zeichnen ist ebenso falsch, wie von schwarzen Löchern als von Licht einfangenden Sternen zu reden. Denn damit Schatten zu uns gelangen kann, muß auch Licht bei uns sein. Licht ist eigentlich unsichtbar, Dunkelheit auch. Das Ineinanderspiel von Licht und Dunkelheit manifestiert sich in der Auseinandersetzung mit der Materie als dunklere und hellere Farben. Unsichtbare Dunkelheit ist noch unsichtbare Todesmacht. Wie sieht der Tod vom Geiste aus gesehen aus? Was ist Schwarz?

Schwarz ist das geistige Bild des Todes.

Und nun freue ich mich auf eine Welt jenseits von Schwarz und Weiß. Wie ist sie wohl?

Weder schwarz noch weiss: durchsichtig

Wenn eine Angelegenheit, ein Phänomen durchsichtig, transparent wird, dann gibt es nicht mehr diese oder jene Theorie darüber, denn Ansicht wird immer zur Durchsicht. Gelangt der Mensch vom Verstehen zum *Durchsehen, Durchschauen,* macht er einen seelischen Entwicklungsschritt: Die Verstandesseele verwandelt sich in die Bewußtseinsseele. Schwarz ist Materie vor dem Geist, ist Schatten, ein Blatt vor der Sonne. In Weiß erscheint Geist auf Materie, Sonne auf dem Blatt. Weder schwarz noch weiß ist der Kristall, denn er ist *durchsichtig.*

Vom Erkennen zum Wesen der Farben

Wir heutigen Menschen sind in einer Welt der Augen, der Ohren zuhause, geht doch das bewußte Leben vor allem von dem aus, was wir sehen und hören. Würde im Leben nur das geschehen, was wir bewußt anpacken, so würde alles stillstehen, denn jede Bewegung nimmt im Unbewußten ihren Anfang. Oder setzen wir jeden Pulsschlag und Atemzug bewußt in Gang – auch in der Nacht? Und trotzdem: Menschen und Sterne bewegen sich. Was steht nun hinter all dem, was für uns unbewußt ist?

Eigentlich ist dies das Gebiet allen Forschens. Forschen beginnt mit Betrachten, Erkennen, Zählen und Messen. Wir haben es mit der Metrie, mit der Nomie zu tun: Astrometrie, Astronomie. Dasselbe gilt für die Botanik; sie macht Inventar der Pflanzenwelt, zählt und mißt. Geologe und Mineraloge halten es gleich mit dem Gestein, der Zoologe mit den Tieren und der Anatom mit dem, was am Menschen zu finden ist. Zuerst ist heute die Metrie! Wenn das Zahlenmaterial gesammelt ist, beginnt man sich um die Zusammenhänge zu kümmern, um eventuelle Gesetzmäßigkeiten, um innere Logik daraus abzuleiten. Es entsteht dadurch auf allen diesen Gebieten eine Logie: Anthropologie, Psychologie, Physiologie oder eben eine Geologie. Wenn einmal einige Gesetzmäßigkeiten entdeckt worden sind, beginnt sich der Mensch natürlicherweise dafür zu interessieren, wie sie zustande kommen.

An diesem Punkt gibt es eine Trennung. Die einen betrachten, was sie sehen, und sagen: Die Kutsche fährt, weil sie vom Pferd gezogen wird, das Pferd zieht, weil es vorgespannt wurde . . ., wäre es nicht vorgespannt, könnte es nicht ziehen, und die Kutsche würde nicht fahren, was zu beweisen war! Sie suchen den Grund in der Sinneswelt, im Materiellen. Diese Art, die Probleme anzugehen, befriedigt aber nicht alle. Einige sind unsicher, denn sie finden, eine Voraussetzung für das Ziehen des Pferdes liege darin, daß es Hafer gegessen habe. So legt der Forscher eine Statistik an, um zu schauen, was von beiden Ansichten wahrscheinlicher ist, um dann diese als begründet anzunehmen. Das Resultat ist: Viele Leute gehen Mittag essen. Warum? Weil neunzig Prozent aufhören zu arbeiten. Oder: Die Sekretärinnen gehen Mittag essen, weil sie aufhören, Schreibmaschine zu schreiben. Kurzum, der Forscher kommt nicht ohne weiteres auf den Grund, der darin besteht, daß sich der Hunger meldet, oder sogar, daß wir im Hinblick darauf essen, am Nachmittag noch arbeiten zu mögen, arbeiten zu müssen, nicht zuletzt, um die Familie zu ernähren. Durch die Sinnesforschung kommen wir kaum dazu, den effektiven Grund in der Zukunft, im eigentlichen Sinn zu suchen. Eine richtige Logie zielt also immer auf einen Grund in der Zukunft ab! Dies bedingt aber ein Gedächtnis. Bei allem, was geforscht wird, ist auch das damit verbundene Wesen zu suchen, das in die Zukunft denken kann. Ein Stein, eine Pflanze, ein Tier kann das nicht ohne weiteres tun. Trotzdem wächst die Pflanze und bewegt sich das Tier sinnvoll, das heißt so, daß es später Sinn macht. Und so kommt der Forscher eigentlich bald darauf, daß mit jedem Ding Wesen mit Erinnerungs- und Denkfähigkeit verbunden sein müssen. Wesen, die sich nicht selbst Gedanken im Hinblick auf die Zukunft machen können, müssen doch verbunden sein mit einem Geist, der dies kann. Tiere, Pflanzen und Steine sind also ganz natürlicherweise über eine gemeinsame Seele mit ihrem Gruppengeist verbunden. Der Forscher geht damit zur Frage über: Was ist das Wesen der Farben, was ist das Wesen der Sterne? Wo wandelt sich der Geometer zum Geologen und zum Geosophen, der Astronom zum Astrologen und zum Astrosophen? Der *Nome* zählt, der *Loge* sucht die Gesetze und der *Sophe* sucht die Wesen.

Ich hoffe, damit den Unterschied und die Tragweite der verschiedenen Farbauffassungen zwischen der Farbenlehre Newtons, der Farbenlehre Goethes und der Farbenlehre Steiners aufgezeigt zu haben.

Mit der Wellentheorie kann ich noch nicht besser malen, mit der Goetheschen Farbenlehre kann ich noch nicht heilen, mit der Steinerschen jedoch komme ich an die Wesen heran.

Solange der Mensch noch Unbewußtes an sich hat, bedingt dies Wesen, die höher, die bewußter sind. Wo aber sind diese Wesen zuhause? Im Kosmos in mir und über mir.

Der Regenbogen, ein farbenschöpferisches Wesen

Wenn das Spätere die Folge des Früheren ist, dann ist das später Werdende im Prinzip schon im Früheren angelegt. Aber wenn das Spätere schon vorher da war, hat die Zeit keinen Sinn – es gibt sie im Grunde gar nicht. Strenggenommen gäbe es so gar keine Entwicklung. Wer das konsequent bedenkt und daran glaubt, hat es schwer, dem Leben einen Sinn abzugewinnen; wie so viele Wissenschaftler, die ernsthaft an die Dinge herangehen und trotzdem nicht über die materielle Kausalität hinauskommen. Um den tödlichen Materialismus zu überwinden, ist es daher wichtig einzusehen, daß die Farben, die sich im Spektrum zeigen, nicht schon vorher im Sonnen- oder Sternenlicht waren, sondern daß Wesen im Prisma das Licht ergreifen und sinnliche Farben daraus machen! Es ist wichtig einzusehen, daß Atome nicht schon vorher in der Materie waren, sondern daß durch Zerstörung der Materie Atome und Elementarteilchen entstehen, wenn sie von zersplitternden Wesen ergriffen werden. Wenn Teilchen von Sonne und Sternen analysiert werden können, dann heißt dies nicht, daß Sonne und Sterne aus Teilchen (Atomen) bestehen, sondern daß geistige Substanz der Sterne sich auf dem Weg zur Erde materialisieren kann. Im Kosmos kann Materie originär gebildet werden, wie in Kometen, in denen sich Throne (Gruppenseelen der Mineralien) den Cherubim entgegenwerfen und so laufend allerhand Materielles entsteht, das dann zur erlösenden Sonne getragen wird. Kometen entsorgen den Kosmos von Geistig-Zurückgebliebenem! Wenn Wasser chemisch H_2O ist, heißt das noch nicht, daß dies die ganze Weisheit des Wassers ist. Denn Wasser ist viel mehr: Es ist ein Regenbogenforellen hervorbringendes Wesen, so wie die Luft ein Vogel und Regenbogen und der Regenbogen selbst ein Farben hervorbringendes Wesen ist. Wesen sind überall schöpferisch tätig und machen immer Dinge, die es vorher nicht gegeben hat. Die Welt ist immer wieder neu, die Sterne und der Kosmos sind es auch, weil auch wir darin schöpferisch tätig sind und mitverändern. Wozu? Im Hinblick auf die Zukunft, damit sich auf der Erde auch überall Liebe ausbreiten kann.

Ein Wesen erkennst Du an seinen Taten.

Die Heilwirkung der Farben – eine Zusammenfassung

Gelb ist die Strahlkraft des Geistes.
Blau ist die Strahlkraft der Seele.
Rot ist die Strahlkraft des Lebens.
Weiß ist das Bild des Geistes in der Seele.
Rosa ist das Bild der Seele im Lebendigen.
Grün ist das Bild des Lebens im Physischen.
Schwarz ist das Bild des Physischen im Geist.

Daraus ergibt sich ganz klar die Heilwirkung der Farben:
Gelb regt den Geist an.
Blau regt die Seele an.
Rot regt das Leben an.
Weiß verbindet den Geist mit der Seele.
Rosa verbindet die Seele mit dem Leben.
Grün verbindet das Leben mit dem Körper.
Schwarz verbindet den Körper mit dem Geist.

Oder noch knapper formuliert:
Gelb begeistert.
Blau beseelt.
Rot belebt.
Weiß durchgeistigt die Seele.
Rosa beseelt das Leben.
Grün belebt den Körper.
Schwarz versetzt den Körper ins Geisteslicht.

Gegenfarben – die Verarbeitung der Farben im Innern des Menschen

Gegenfarben und Nachbilder sind ein Phänomen, vor dem die Newtonsche Farbenlehre im Versuch, es zu erklären, völlig chancenlos ist. Auch mit Hilfe der Goetheschen Farbenlehre können solche Erscheinungen nur recht mangelhaft verstanden werden. Erst die lebendige Auffassung von der Reaktion der Farben mit den Wesensgliedern erschließt die Möglichkeit des tieferen Verstehens. Die Farbenlehre von Rudolf Steiner eröffnet uns den Weg zum wirklichen Verständnis solcher Phänomene.

Was geschieht mit dem Sonnenlicht im Menschen? Du siehst die Sonne an. Was fängt Deine Seele damit an? – Der Geist, das gelbe Sonnenlicht drückt sich in Deiner Seele ab, Du wirst geblendet und siehst einen Moment lang weiß.

Du siehst den Himmel an. Was geschieht mit dem Himmelsblau in Dir? – Das Blau drückt sich im Lebensleib ab, und du siehst rosa.

Du siehst die rote untergehende Sonne. Was geschieht in Dir? – Das Rot drückt sich im physischen Leib ab, und Du siehst Grün.

Du siehst einen schwarzen Höhleneingang an, einen dunklen Felsen nachts. Was geschieht in Dir? – Das Schwarz drückt sich im Geiste ab, und Du siehst hell.

Weiß ist die Begegnungsfarbe des Seelenleibs mit Gelb.

Rosa ist die Begegnungsfarbe des Lebensleibs mit Blau.

Grün ist die Begegnungsfarbe des physischen Leibs mit Rot.

Hell ist die Entgegnung des Geistes auf Dunkel.

Es ist die Entgegnung des Inneren des Menschen auf das, was von außen als Licht auf ihn zukommt. Es ist die Gegenreaktion, sind die Gegenfarben, die so durch die Aktivität des Inneren aufleuchten.

Somit haben wir eine Übungsmöglichkeit für die Wesensglieder: Sie besteht darin, daß wir Farben auf uns einwirken lassen und anschließend versuchen, das Nachbild möglichst lange aufrechtzuerhalten.

Gelb ansehen, dann das Gegenbild möglichst lange im Auge behalten, um die Seele daran zu üben.

Blau ansehen, dann das Licht löschen und das Gegenbild bewahren. Das stärkt die Lebenskraft.

Rot ansehen, dann lange innerlich die Gegenfarbe im Auge behalten. Das stärkt die physischen Kräfte.

Schwarz ansehen, dann möglichst lange innerlich die Helligkeit bewahren. Das kräftigt uns im Geiste.

Und jetzt die allerdirekteste Methode, die weder einen Projektionsapparat für Farben noch irgendeine äußerliche Farbe benötigt:

Die Farbendenkmethode

Gelb denken heißt geistig strahlen.
Blau denken heißt seelisch leuchten.
Rot denken heißt lebendig leuchten.

Doch erst durch Konzentrationsübungen gelingt es, Farben direkt zu imaginieren. Ist das noch nicht möglich, empfiehlt es sich, die drei Grundfarben an eine Wand zu projizieren oder, was noch wirksamer ist, sie ganz rein zu malen. Bei beiden Methoden wird innerlich die Fähigkeit zur Bildung der Gegenfarbe gestärkt, zudem wächst die Konzentrationskraft, sich die Grundfarbe geistig vorzustellen. Vom Geist her können alle Farben gegenwärtig werden. Geist ist Sonne. Nach dem Blick in die Sonne und anschließendem Augenschließen tauchen auch alle Farben zyklisch wieder auf. Der Farbkreis ist geschlossen. Schwarz und Weiß sind auch Farben! Insbesondere ist Weiß nicht die Bündelung aller anderen Farben! Warum läßt der Blick in die Sonne alle Farben aufleuchten? Weil Geist und Sonne durch alle Wesensglieder hindurchdringen und sie zur Bildung der Gegenfarben anregen. Selbst der dunkle Blendungsfleck wird dann wieder in Helligkeit verwandelt. Es ist allerdings gefährlich, der Sonne direkt «ins Auge» zu schauen, denn ihr Geist ist für uns zu hell. Bei reinem Gewissen gelingt es uns jedoch, ihr ein wenig entgegenzublinzeln.

Stern und Blume: Jürg Reinhard und der Kosmos

Jürg ist im Kosmos zuhause. Wer dies weiß, spürt es deutlich, wenn er ihn daherkommen sieht oder ihn im Gespräch gegenüber hat. Obwohl er die Fünfzigjahrgrenze hinter sich hat, lebt in ihm immer noch der Bub, der in der kleinen Universitäts-Sternwarte im Berner Länggassquartier seine ersten Reisen zu den Sternen unternehmen durfte und der im engeren irdischen Lebenskreis von den Blumen, den Pflanzen angezogen und gefesselt wurde wie von nichts anderem. Heute weiß er, daß Sterne und Blumen miteinander in Beziehung stehen, und daß die Kenntnis der Wechselwirkungen des Himmels auf die Erde, der Erde auf den Himmel für das Wohlergehen von uns Menschen von höchster Bedeutung ist.

Dabei ist Jürg alles anderes als ein Phantast und Träumer. Als Physiker ETH und als Dr. med. hat er gleich zwei Studien in sogenannt exakten Wissenschaft abgeschlossen, und auch für das Diplom eines Bergführers bedurfte es einigen Sinnes für das Reale. Das alles genügte ihm aber nicht. In medizinischen Lehren und Praktiken wie der Homöopathie und der Akupunktur und in einer lebendigen, gründlichen Begegnung und Auseinandersetzung mit Rudolf Steiners Anthroposophie erwarb er sich sozusagen Eispickel und Steigeisen, um wachen Geistes in diese Gegenwelt des Menschen vorzudringen, die heute mit dem vagen Sammelbegriff «esoterisch» bezeichnet wird.

Die auf der Erde möglichen Ausflüge ins Unendliche erlebt Jürg als Bergsteiger. Dabei können ihm ebenso wichtige (wenn nicht gar noch wichtigere) Entdeckungen zuteil werden wie den auf ungeheuren technischen Aufwand abgestützten Astronauten. Klettern bedeutet Überwindung, Überlistung der Materie und ihrer Schwerkraft mit uns angeborenen Mitteln, aus seelischer, geistiger Energie. Dabei ergibt sich das Gefühl einer leibfreien Schwerelosigkeit, indem der Bergsteiger, aus eigenen Kräften, einen Weg bewältigt, der normalem menschlichem Ermessen als unbegehbar erscheint. Keine andere Sportart läßt uns, nur auf uns selbst gestellt, so hoch in den Himmel hinaufsteigen. Und weil der Kletterer Gefahren ausgesetzt ist, hat er ein besonders feines Gespür für die Geister, die Wesen im Kosmos – wie oft, sagt Jürg, ist mir bewußt geworden, daß der Engel geholfen hat.

Im Kosmos wirken schöpferische Kräfte. Der Erdgeist in Goethes «Faust» sagt es:

So schaff' ich am sausenden Webstuhl der Zeit
Und wirke der Gottheit lebendiges Kleid.

Nur wer ihm darin folgt, selbst Welt neu- und umgestaltet, kann in den Kosmos, ins Ganze eingehen, darin, damit leben. Ob mit Gedanken, Worten, Klängen, Farben geschafft wird, ob mit Zeichen, die der Körper bildet, im Tanz, mit der Stimme – entscheidend ist, daß aus uns, aus den Seelen, dem Geist etwas Neues entspringt. Nur als Schöpfer können wir ins Ganze, das des Schöpfers ist, Einzug halten.

Jürg hat vor vielen Jahren seine blühende Naturarztpraxis aufgegeben, um als Publizist und als Leiter von Kursen ein größeres Publikum über das eigenständig Schöpferische in die Zusammenhänge, die Wunder des Kosmos einzuführen und damit in das Glück einer höheren, im Geist verankerten Gesundheit. Stets will er Vertrauen in die eigenen schöpferischen und heilenden Kräfte wecken, Mut zur Selbständigkeit. Das Wagnis des persönlichen Ausdrucks lebt er selbst als Zeichner und Maler der Gebirgswelt vor, in Riesenformaten. In diesen Bildern – so habe ich ihm gesagt – läßt sich, trotz ihrer kosmischen Ungeheuerlichkeit, biwakieren, plötzlich wirken sie wie Blumenwiesen, und manchmal tauchen darin auch lustige Märchenfiguren auf. Mir hat er eine große Zeichnung von Gletschertischen geschenkt – sie strahlt Kosmisches in mein Büro im Jura, in Le Roselet, dem Altersheim für Pferde der Stiftung für das Pferd. Die mächtigen Steine, unter denen das Eis bis auf das tragende Bein in der Mitte weggeschmolzen ist, zeigen, wie der Kosmos auch Schwergewichtiges ins Schweben bringt. Jürg weiß halt, was mir Tische als Schreiber und Leser, aber auch als Esser und Trinker, bedeuten.

Jürg, der Weltall-Kletterer, beherrscht die meditative Technik, um aus dem kosmischen, dem innerlichen Bereich des Schöpferischen nicht plötzlich ins Leere, in graue Verzweiflung hinauszufallen. Dabei helfen ihm Musikinstrumente, Saxophon, Klavier, Glockenspiel, Elektronisches, Handorgel. Immer trägt er eine kleine Blockflöte auf sich, die ihm erlaubt, improvisierend schwarz drohendes Gewölk zu verblasen.

Jürg kann aber auch mit dem großen Alphorn anrücken. Manchmal braucht er es, um Kursteilnehmern im Gebirge das Wesen der Homöopathie, dieses Schlüssels zum Kosmos, verständlich zu machen: Er bläst eine Tonfolge in den weiten Raum hinaus, es folgt Stille, lange Stille, bis schließlich das Echo die Klänge, vergeistigt, zurückbringt. Was in homöopathischen Heilmittel auf den menschlichen Organismus wirkt, ist das geistgewordene Echo einer Substanz (z. B. Kupfer von der Venus oder das Veilchen), auf dem Weg des mehrfachen Verdünnens mit Wasser und Schüttelns rhythmisiert.

Ja, im Alphorn steckt viel. In einem der fünf neuen Ställe, welche die Stiftung für das Pferd, aus Holz konstruiert, in Les Bois in den Freibergen wie Kathedralen in den Kosmos stellt, hat mir Jürg zum Geburtstag auf dem Alphorn ein Ständchen geblasen. Und die Urklänge, die durch die Resonanz in dem hohen Gebälk noch verfeinert wurden, ließen, als spielte Orpheus, sogar die weidenden Pferde aufhorchen und sichtbar die Ohren spitzen. Ich fühlte mich, als feierten wir, pokulierend, an einem Gletschertisch.

Da herrschte keine Kälte. Was den Kosmos zusammenhält, ist die Liebe. Wer liebt, ist den Weiten des Weltalls verbunden. In einem seiner farbigen Riesenformate hat Jürg, wahrhaftig als alter Kenner, aber doch unter Mitwirkung seiner Kinder, den Sternenhimmel gemalt, und es ist daraus ein bunt leuchtender, sommerlicher Blumengarten geworden, in dem man sich wohl und glücklich fühlt.

Falls Sie in dem vorliegenden Buch eine Passage oder selbst ein ganzes Kapitel als gar zu steile Felswand vor sich sehen, versuchen Sie es doch mit einer kleinen Blockflöte – ein paar Tonreihen, und plötzlich wird's leicht.

Merken Sie sich: Den echten Kosmiker, der sich ja ständig im Unendlichen und Ewigen bewegt, erkennen Sie an seiner Heiterkeit, die ihn selbst an Gletschertischen fröhlich und ausgelassen sein läßt. Einer von ihnen war – zum mindesten zeitweise – der deutsche romantische Dichter Clemens Brentano. Er hat in seinem Märchen «Gockel, Hinkel und Gakkeleia» das Wesen des kosmischen Menschen in einer wundervollen alchemistischen Formel zusammengefaßt:

O Stern und Blume, Geist und Kleid,
Lieb', Leid und Zeit und Ewigkeit!

Kurt Weibel